"中国丝绸文物分析与设计素材再造关键技术研究与应用"项目 (2013BAH58F00)

国家出版基金项目
NATIONAL PUBLICATION FOUNDATION

中国古代丝绸
设计素材图系

ORNAMENTAL PATTERNS FROM
ANCIENT CHINESE TEXTILES
HAN TO TANG DYNASTIES

汉唐卷

赵丰◎总主编　　王乐◎编著

ZHEJIANG UNIVERSITY PRESS
浙江大学出版社

总　序

赵　丰

　　丝绸是中国古代最为重要的发明创造之一，距今已有五千多年的历史。自起源之日起，丝绸就是技术与艺术的完美结合。一方面，她是一项科学技术的创造发明。先人们栽桑养蚕，并让蚕吐丝结茧，巧布经纬将其织成锦绮，还用印花刺绣让虚幻仙境和真实自然在织物上体现。在这一过程中，就有着无数项创造发明，其中最为巧妙和重要的就是在提花机上装载了专门的花本控制织物图案，这直接启蒙了早期电报和计算机的编程设计。同时，丝绸印染也是我国古代科技史上的重大发明，汉代的雕版印花技术是最早的彩色套印技术，对印刷术的发明有直接的启发；而唐代的夹缬印染技术也是世界印染史上的一大创造发明，一直沿用至今。另一方面，丝绸更是一门艺术，一门与时尚密不可分的艺术。衣食住行衣为首，蚕丝纤维极好的服用性能和染色性能，使其色彩远较其他设计类型如青铜、瓷品等更为丰富。所以，丝绸能直接代表服用者的地位和特点，能直接代表人们对时尚和艺术的喜好；丝绸的艺术为东西方所推崇，成为古代中国最为重要、最受推崇的艺术设计门类。

　　与其他门类的文物相比，丝绸在中国历代均有丰富的遗存。最早的丝绸出土于五千多年前的新石器文化遗址中，在商周早期的各种遗存中也可以找到不少丝绸的实物。而完好精美的丝绸织绣服装在战国时期的墓葬中开始大量出现，如湖北的江陵马山楚墓、江西的李家坳东周墓。汉唐间的丝绸出土更是数量巨大、保存精好，特别是丝绸之路沿途出土的汉唐间的丝绸更为重要，其中包括了来自东西两个方向的丝绸珍品，丝绸图案中也体现了两种艺术源流的交融和发展。宋、元、明、清各代，除相当大数量的出土实物外，丝绸还有大量的传世实物。这些实物一部分保存在博物馆中，特别是如北京故宫博物院一类的皇家建筑之中；另一部分保存在布达拉宫等宗教建筑之中。这些丝绸文物连同更为大量的民间织绣，是中国丰富的文化遗产的一部分。

在丰富的实物遗存中，丝绸为我们留下了极好的设计素材，成为我们传承和创新的源泉。因此，由浙江凯喜雅集团和中国丝绸博物馆牵头，联合浙江大学、东华大学、浙江理工大学、浙江工业大学、浙江科技学院等高等院校，根据国家文化科技创新工程的要求，我们申报了"中国丝绸文物分析与设计素材再造关键技术研究与应用"项目（2013BAH58F00），开展了相关研究工作。其主要目的是加强高新技术与织造、印染、刺绣等中国传统工艺的有机结合，研究建立文化艺术品知识数据库，促进传统文化产业的优化与升级，在传承民族传统工艺特色的基础上，推陈出新，让古老的丝绸焕发新的生命力。

我们的项目从2013年开始，到2015年年底恰好三年，已基本完成。项目包括三个课题：一是丝绸文物信息提取与设计素材再造方法研究，二是丝绸文物专家系统研发，三是丝绸文物创新设计技术研究与技术示范。其中第一部分是中国丝绸文物的基本素材的收集与整理，这一课题的负责人是周旸，参与机构有中国丝绸博物馆、东华大学、浙江工业大学、浙江科技学院，其中设计素材部分的主要参加人员有王乐、徐铮、汪芳、赵帆、袁宣萍、苏淼、俞晓群、茅惠伟、顾春华、蒋玉秋、孙培彦等。我们按照收集的材料，把所有的设计素材整理分成十个部分出版。

这里，我们要感谢科技部和国家文物局站在历史和未来的高度提出这一文化科技创新项目的设计，感谢浙江省科技厅对我们申报这一项目的大力支持。感谢项目中三大课题组成员的相互配合，特别是感谢第一课题组各成员单位齐心合作，收集整理了数千件中国古代丝绸文物的设计素材。最后，我们也衷心感谢浙江大学出版社对中国丝绸博物馆和中国丝绸文化遗产保护的一贯支持，使得这一图系顺利出版。我们期待，这一图系能为祖国丝绸文化遗产的传承和发展起到应有的作用。

从古典到新样——汉唐之间的中国丝绸纹样

丝绸是中国历史文明、文化、社会经济的一个重要组成部分。丝绸之路起自长安，途经河西走廊，穿过塔里木盆地，直达地中海沿岸，而养蚕和丝织技艺也沿着丝绸之路由中原传入西方，为人类文明做出了巨大贡献。

丝绸作为工艺美术重要的门类之一，它的图案不仅反映了同时期文化和艺术的风貌，还与织造技术、刺绣技法和印染工艺密切相关。汉唐之间是丝绸之路上东西文化交流的鼎盛时期，丝绸图案的主题、艺术风格在吸收、融合外来艺术和文化的基础上进行了自律变更。

对汉唐之间丝绸图案和设计的研究将还原中国蚕桑丝绸传往西方的过程，同时也能让我们了解东西方艺术和文化对丝绸图案的影响，为中外文化交流史、纺织服饰美术史等各方面的研究提供新的依据和材料。此外，传统丝绸艺术已成当代设计的重要源泉，对汉唐之间丝绸纹样的整理和复原在传统纺织技艺与现代染织技术之间架起一座桥梁，对今天的染织图案设计也有借鉴意义。

一、丝绸文物的来源

汉唐之间的丝绸多来自考古发掘，国内的出土地点除了长沙马王堆和江陵凤凰山汉墓外，其他主要分布在西北地区尤其是丝绸之路沿线；国外的出土地点主要包括俄罗斯的巴泽雷克冢墓和莫谢瓦亚·巴尔卡墓葬群、蒙古的诺因乌拉墓地、埃及的安底诺遗址以及叙利亚的帕尔米拉古城等地。下面介绍一些丝织品出土比较集中的墓葬。

（一）马王堆

马王堆位于湖南省长沙市东郊，为第一代轪侯、长沙丞相利苍及其家属的墓地。一号墓保存最完整，墓主为轪侯的妻子。三号墓的主人是轪侯的儿子，下葬年代是汉文帝十二年（前168年）。

一号墓锦饰内棺内的尸体脸部覆盖两件丝织物覆面，双手握绢面绣花香囊，两足着青丝履。贴身着"信期绣"罗绮丝绵袍，外为细麻布单衣。两臂肱部缚以绛色丝带，大腿之间的空隙处用绢面裹丝绵塞实。贴身衣外面包裹各式衣着、衾被及丝麻织物共计18层，连同贴身衣物2件，共20层。其上再覆盖印花敷彩黄纱绵袍1件、长寿绣绛红绵袍1件。[1] 棺外有铺饰在棺板上的绣锦和菱形花贴羽锦，以及头端夹缝中的丝织品残片。一号墓东边厢出土3个香囊、1双鞋，还有绣袋、绢袋或麻布袋、彩绘帛画以及木俑的衣饰等。西边厢的6个竹笥内保存有完整的纺织品和衣物，包括绵袍11件、单衣3件、单裙2件、袜2双、袍缘1件以及单幅丝织品46卷等。北边厢的四壁还挂有丝织的帷幔，中部和西部计有夹袍、绣枕、几巾、香囊、枕巾、鞋以及包裹在漆奁外面的2件夹袱和置于奁内的手套、镜衣、针衣、组带等。[2] 二号墓和三号墓中也出土了不少纺织品，种类与一号墓相仿，保存状况则不如一号墓。

（二）武威磨嘴子

甘肃省武威县即汉代武威郡，是当时姑臧县治故地，位居河西走廊咽喉。磨嘴子在武威县城南15公里祁连山下杂木河的西岸，汉墓群从河岸直至台地最高处，东西长约700米，南北宽约600米。

甘肃省博物馆1959年清理了31座土洞墓，发掘出土的随葬物品共计610件。丝织品除了用于制作随葬衣物和铭旌外，还有1件保存完好、制作精美的锦缘绢绣草编盒。[3] 1972年清理发掘了汉墓35座，其中48、62、49号墓分属西汉末、王莽、东汉中期三个不同时期，出土了绢、纱、罗、绮、起毛锦等8类15种织物，是研究汉代纺织、印染历史的重要材料。[4] 2003年，中日两国考古工作者对磨嘴子汉墓群进行了联合考古发掘，

[1] 何介均. 马王堆汉墓. 北京：文物出版社，2004：26-27.
[2] 上海市纺织科学研究院，等. 长沙马王堆一号汉墓出土纺织品的研究. 北京：文物出版社，1980：1-2.
[3] 上海市纺织科学研究院，等. 长沙马王堆一号汉墓出土纺织品的研究. 北京：文物出版社，1980：1-2.
[4] 甘肃省博物馆. 武威磨咀子三座汉墓发掘简报. 文物，1972（12）：9-23，79-80.

共发掘东汉墓葬 25 座，其中编号为 2003WMM25 的墓中出土了发带、覆面等丝织品。[1]

（三）扎滚鲁克

扎滚鲁克村位于新疆塔里木盆地南缘且末县托格拉克勒克乡西南 3 公里处，是戈壁上的一处绿洲。绿洲及其边缘区域内分布着大小不同的五处古墓葬群，其中最大的一处称为一号墓地。1985—1998 年新疆维吾尔自治区博物馆、巴音郭楞蒙古自治州文物管理所和且末县文物管理所在此进行了三次发掘，共发掘出 167 座墓葬。[2]

扎滚鲁克一号墓地的考古学文化共分三期，其中第一期的年代在公元前 1000 年左右，第二期的年代为前 8 世纪—前 2 世纪，是扎滚鲁克的主体文化，而第三期文化的年代为东汉至晋，即 3—6 世纪。扎滚鲁克共有 30 座属于第三期文化的墓葬，墓中出土大量纺织品，从原料上可以分为丝织物、棉织物、毛织物和麻制品等四类。丝织物数量最多，品种包括织锦、绢、绮及刺绣品等。除了覆面、枕、袋、扎包、扎头带等，更多的是织物残片。织锦主要分为经锦和纬锦两大类。经锦为平纹经锦，丝线不加捻，图案包括"（延）年益寿大宜子孙"纹、水草立鸟纹、菱格纹、花树纹、忍冬纹和曲波纹等。平纹纬锦的丝线通常加有强捻，出土时多为制品，如枕头、扎头带和衣饰缘等，图案主要包括植物纹、狩猎纹和龙纹等。扎滚鲁克出土的刺绣不多，但很精美。在绢和绮地上用锁针绣绣出图案，以鸟纹和植物纹为主，色彩鲜艳。[3]

（四）楼兰

楼兰遗址位于新疆巴音郭楞蒙古自治州若羌县东北部，罗布泊西北岸，孔雀河下游三角洲的南部。由于罗布泊地区自然环境的变化，曾经繁盛一时的楼兰国于 4 世纪左右逐渐消亡，掩埋在茫茫沙漠之中。1900 年瑞典人斯文·赫定在去西藏的途中来到罗布泊，发现楼兰古国，此后掀起了一股楼兰探险考察热。[4]1906 年和 1914 年，英国人斯坦因两次来到楼兰，他除对楼兰古国遗址进行大规模发掘外，还发现了许多新的遗址和墓地，

---

[1] 甘肃省文物考古研究所. 甘肃武威磨咀子东汉墓（M25）发掘简报. 文物，2005（11）：32-38.

[2] 新疆博物馆，巴州文管所，且末县文管所. 新疆且末扎滚鲁克一号墓地. 新疆文物，1998（4）：1-53；新疆维吾尔自治区博物馆，巴音郭楞蒙古自治州文物管理所，且末县文物管理所. 1998 年扎滚鲁克第三期文化墓葬发掘简报. 新疆文物，2003（1）：1-19.

[3] 新疆维吾尔自治区博物馆，巴音郭楞蒙古自治州文物管理所，且末县文物管理所. 1998 年扎滚鲁克第三期文化墓葬发掘简报. 新疆文物，2003（1）：1-19.

[4] 赫定. 我的探险生涯. 孙仲宽，译. 乌鲁木齐：新疆人民出版社，1997：270-281.

他将这些遗址逐个编了号。发掘品除了大量精美的丝织品，还有石器、陶片、青铜制品，以及汉文和佉卢文木简与文书。1914 年斯坦因在编号为 L. C. 的墓葬群中发掘了大量的丝织物和毛织物等物品。丝织物品种丰富，有锦、汉式绮、绢、刺绣等，其中有大量织有铭文的动物云气纹汉锦，铭文包括"韩仁绣文衣右子孙无极""长乐明光""登高明望西海""延年益寿"等。[1] 斯坦因将该墓葬的年代定为前 2 世纪末至 3 世纪后期。

1979—1980 年，新疆文物考古研究所楼兰考古队三次深入罗布泊，对楼兰古城址及附近墓葬群进行考古调查和重点发掘，发掘纺织品 58 件，其中丝织品 8 件，多为残片，包括 1 件波纹锦，绛色地显绿色波纹。[2] 1980 年，考古工作队小分队在楼兰城郊发掘两处古墓群，对 MB 墓地 2 号墓（斯坦因编号 L. C. iii）进行了重新清理，发掘了大量精美的纺织品，其中丝织物 75 件，品种包括锦、绮、绢和刺绣。[3] 2003 年春，新疆文物考古研究所对位于 L. E. 城东北约 4 公里处的壁画墓进行考古清理挖掘。该墓被认为是魏晋时期 L. E. 城一个贵族家族的合葬墓，年代约为 3—4 世纪。墓中清理出大量的织物残片，这些织物残片大多为破损的衣物，经清理拼对，能辨认的服饰包括袍、衫类上衣 5 件，裙 1 件，刺绣手套 1 只，贴金衣饰 1 件，棉袜 3 只。此外还有几何纹锦 1 件，几何纹绮 1 件，三角形刺绣 1 件，以及棉、毛织物残片若干。[4]

（五）尼雅

尼雅遗址位于新疆民丰县城北约 100 余公里处，是汉晋时期塔里木盆地南缘一处典型的内陆沙漠绿洲型聚落遗址，也是《汉书·西域传》中记载的精绝国故地。1901 年斯坦因首先发现了该遗址，之后，他又分别于 1906 年和 1913 年重返尼雅进行发掘，收获了少量的纺织品残片。

1959 年，新疆维吾尔自治区博物馆考古队在文物普查时进入民丰县以北的塔克拉玛干沙漠，在尼雅遗址发现了一座男女合葬墓。箱形木棺上面覆盖一层毛毯，棺内尸体面部盖覆面，头下枕锦枕。身上的服饰及随葬丝织品保存完好，包括："万世如意"男锦袍、刺绣男裤、淡青色女上衣、刺绣女内衣、刺绣女裙、刺绣镜袋、刺绣云纹粉袋和

---

[1] Stein, Aurel. *Innermost Asia*: *Vol. III*. Oxford: Clarendon Press, 1928: XXXIV.

[2] 新疆楼兰考古队. 楼兰古城址调查与试掘简报. 文物, 1988（7）: 1-22.

[3] 新疆楼兰考古队. 楼兰城郊古墓群发掘简报. 文物, 1988（7）: 23-39.

[4] 阿不都热苏勒，李文瑛. 楼兰 LE 附近被盗墓及其染织服饰的调查 // 大漠联珠：塔克拉玛干丝绸之路服饰文化考察报告. 上海：东华大学出版社，2007: 59-73.

袜带、菱纹"阳"字锦袜以及用"延年益寿大宜子孙"锦制作的袜、手套和鸡鸣枕等。1988年和1990—1997年间，中日共同尼雅遗址学术联合考察队对尼雅展开了较为全面的调查和发掘，1995年发掘的一号墓地3号墓规模最大，出土文物最为丰富，包括"王侯合昏千秋万岁宜子孙"锦被、"世毋极锦宜二亲传子孙"锦枕、茱萸纹锦面衣、人物禽兽纹锦袍以及锦手套、锦栉袋、锦镜袋、香囊、帛鱼等。[1]8号墓的东侧紧临3号墓，出土丝织物包括"安乐如意长寿无极"锦枕、"千秋万岁宜子孙"锦枕、用"延年益寿长葆子孙"锦和"安乐绣文大宜子孙"锦缝制的锦袍、"五星出东方利中国"锦护膊等。[2]

（六）山普拉

山普拉墓地位于新疆和田地区洛浦县山普拉乡西南14公里的戈壁滩上，早年遭到盗掘破坏。新疆维吾尔自治区博物馆、新疆文物考古研究所与和田地区文物管理所曾于20世纪末进行了四次清理发掘，出土文物千余件。墓葬的年代在1世纪至4世纪末间，[3]其出土丝织物反映了汉晋时期古于阗国的服饰文明。丝织物服饰主要包括套头衣、裤、帽、护颔罩和头带等。套头衣多为成人服装，小孩的比较少，面料以毛织物为多，仅发现1件绢夹衣残片和花草纹刺绣绢衣残片。墓葬中除了5件毛布覆面和1件棉布覆面，还发掘出19件丝质护颔罩，罩面由绢、绮、锦等缝制，有的上面绣有花纹。[4]

（七）营盘

营盘位于新疆尉犁县城东南约150公里处，东距楼兰古城约200公里，是迄今为止罗布泊地区发掘的面积最大、资料最为丰富的一处墓葬。营盘出土的纺织品无论从技术上还是从图案上来看，均反映出东西方文化交流的影响，特别具有研究价值。

19世纪末20世纪初，俄国人科兹洛夫、瑞典人斯文·赫定和贝格曼、英国人斯坦因曾先后考察过营盘遗址，发掘过一些文物，但丝织品很少。1989年、1995年和1999年新疆文物考古工作者先后三次对营盘墓地进行了抢救性清理发掘，共发掘约120余座

[1] 新疆文物考古研究所. 尼雅95一号墓地3号墓发掘报告. 新疆文物，1999（2）：1-26.

[2] 赵丰，于志勇. 沙漠王子遗宝：丝绸之路尼雅遗址出土文物. 香港：艺纱堂／服饰出版，2000：25.

[3] 新疆维吾尔自治区博物馆，新疆文物考古研究所. 中国新疆山普拉：古代于阗文明的揭示与研究. 乌鲁木齐：新疆人民出版社，2001：46.

[4] 新疆维吾尔自治区博物馆，新疆文物考古研究所. 中国新疆山普拉：古代于阗文明的揭示与研究. 乌鲁木齐：新疆人民出版社，2001：36-40.

墓，清理被盗墓百余座。营盘墓葬出土了大量纺织品，有丝、毛、棉、麻四类，前两类最多，占出土文物总数的三分之一以上。[1] 保存完好的纺织品包括红地对人兽树纹罽袍、淡黄色绢内袍、刺绣长裤、贴金毡袜、香囊、帛鱼、刺绣护膊、冥衣和兽面纹锦等。

（八）都兰

都兰县位于青海柴达木盆地的东南部。自 1982 年以来，青海省文物考古研究所在此发掘了数十座吐蕃墓葬，是吐蕃统治下的吐谷浑邦国的遗址。据统计，此处发现的丝绸中，共有残片 350 余件，图案不重复的品种达 130 种。其中 112 种为中原汉地织造，占品种总数的 86%；18 种为西方中亚、西亚所织造，占品种总数的 14%。西方织锦中有独具浓厚异域风格的粟特锦，如红地瓣窠含绶鸟锦、黄地瓣窠对马纹锦等；一件织有中古波斯人使用的钵罗婆文字的文字锦，是目前所发现的世界上唯一一件确认无疑的 8 世纪波斯文字锦。[2]

都兰出土的锦绫织物大体上可分为四期：第一期是北朝晚期，时间约为 6 世纪中叶；第二期是隋代前后，约在 6 世纪末到 7 世纪初；第三期为初唐时期，约为 7 世纪初到 7 世纪中叶；第四期为盛唐时期，时间约在 7 世纪末到开元、天宝时期。[3]

（九）敦煌

敦煌莫高窟千佛洞开凿于前秦二年（366 年），既是敦煌历史和文化的象征，也是敦煌文物的主要收藏地。1900 年 6 月 22 日，道士王圆箓意外发现被后人称为"藏经洞"的莫高窟第 17 窟。洞中除发现大量纸质文书外，还有不少丝织品，包括幡、伞盖、经帙、经袱、佛像以及各种残片，年代约为北朝至五代。

20 世纪初，英国的斯坦因、法国的伯希和、俄国的鄂登堡以及日本的大谷探险队等纷纷来到敦煌，用各种手段巧取豪夺藏经洞内发现的大量丝织品，致使大批珍贵文物流散海外。中华人民共和国成立后，我国考古工作者开始对莫高窟的丝织品进行清理发掘。1965 年 3 月，为了配合莫高窟南区危崖的加固工程，敦煌文物研究所对第 125 和 126 窟

[1] 新疆文物考古研究所. 新疆尉犁县因半古墓调查. 文物，1994（10）：19-31.

[2] 赵丰. 纺织品考古新发现. 香港：艺纱堂／服饰出版，2002：73.

[3] 许新国，赵丰. 都兰出土丝织品初探. 中国历史博物馆馆刊，1991：63-81.

前进行了清理发掘，发现一幅北魏刺绣品的几块残片。[1]1965 年 10 月，在第 130 窟内南壁西端一岩孔内发现残幡等织物一团，经整理共 40 件，多为绢幡和绮幡，年代为唐代。同年秋，在第 122 和 123 窟前发掘时，发现一批唐代遗物，其中丝织物 12 件且绝大部分都是幡残件。[2]

（十）吐鲁番

吐鲁番位于新疆东部，汉代属姑师国的领地，是丝绸之路上重要的交通枢纽。阿斯塔那古墓群位于吐鲁番市东南 40 公里处的戈壁上，是西晋至唐代高昌居民的公共墓地。墓葬年代可分为三期：第一期为晋至十六国时期（3 至 5 世纪末），第二期为麴氏高昌时期（6 至 7 世纪中），第三期为唐西州时期（7 世纪中至 8 世纪）。其中大部分墓葬属于后两个时期，即 6 至 8 世纪。

20 世纪初日本大谷探险队先后三次来到吐鲁番一带进行调查，在阿斯塔那古墓群进行了盗掘，发现了包括绢画《树下美人图》和织有"花树对鹿"铭文的联珠纹纬锦等丝织物。1915 年 1 月斯坦因来到阿斯塔那，对十块墓地进行了挖掘，发现大批服饰碎片和绢画残片。[3]新疆文物考古工作者对阿斯塔那古墓群的清理发掘始于 1959 年，直至 1975 年共开展了十三次较大规模的抢救性发掘，共清理墓葬 400 多座，之后又进行了数次小规模的清理。墓葬中发现大量丝织品，主要有胡王锦、大鹿纹锦、猪头纹锦、对羊纹锦、翼马纹锦、立鸟纹锦、宝花纹锦、树叶纹锦、联珠对龙纹绮、狩猎纹染缬绢和鱼子纹缬绢等。丝织物品种丰富，包括绢、绮、绫、纱、罗、锦、缂丝、染缬和刺绣等。206 号墓还出土了一批唐代木俑，其中宦官俑和舞女俑身着由丝织品制作的服装。[4]

---

[1] 敦煌文物研究所. 新发现的北魏刺绣. 文物, 1972（2）：54-60，73-74.

[2] 敦煌文物研究所考古组. 莫高窟发现的唐代丝织物及其它. 文物, 1972（12）：55-62，71，63-67，75.

[3] Stein, Aurel. *Innermost Asia: Vol II*. Oxford: Clarendon Press, 1928: 642-718.

[4] 新疆维吾尔自治区博物馆. 新疆吐鲁番阿斯塔那北区墓葬发掘简报. 文物, 1960（6）：13-21；新疆博物馆考古队. 阿斯塔那古墓群第二次发掘简报. 新疆文物, 2000（3/4）：1-36；新疆维吾尔自治区博物馆. 吐鲁番县阿斯塔那——哈拉和卓古墓群清理简报. 文物, 1971（1）：8-29；新疆维吾尔自治区博物馆. 吐鲁番县阿斯塔那 363 号墓发掘简报. 文物, 1972（2）：7-12；新疆文物考古研究所. 吐鲁番阿斯塔那第十次发掘简报（1972—1973 年）. 新疆文物, 2000（3/4）：84-128；新疆文物考古研究所. 吐鲁番阿斯塔那第十一次发掘简报（1973 年）. 新疆文物, 2000（3/4）：168-194；新疆维吾尔自治区博物馆，西北大学历史系考古专业. 1973 年吐鲁番阿斯塔那古墓群发掘简报. 文物, 1975（7）：8-26；新疆博物馆考古队. 吐鲁番哈喇和卓古墓群发掘简报. 文物, 1978（6）：1-14；吐鲁番地区文管所. 1986 年新疆吐鲁番阿斯塔那古墓群发掘简报. 考古, 1992（2）：143-156；吐鲁番学研究院. 新疆吐鲁番阿斯塔那墓地西区 2004 年发掘简报. 文物, 2014（7）：31-52.

二、显花丝织物的品种

汉唐间的显花丝织物主要包括单色暗花织物、多彩织物、刺绣和印染，其中暗花织物主要包括绮、绫、纱、罗等，多彩织物主要包括锦和缂丝。

平纹地和斜纹地的暗花丝织物在汉唐之间非常流行，在当时，它们都被称作绫。不过在现代考古学中往往把平纹地斜纹花的织物称为绮（图01），而把斜纹地斜纹花的织物称为绫（图02）。绮出现在商代，流行于汉唐之间，其主要组织有商周时期多见的浮纹绮、汉代典型的汉式绮、唐宋间的浮点绮等，它们基本上都是由并丝织法织成的。绫是一种斜纹织物，以暗花绫最为常见。所谓暗花绫是指用同色经纬线织成的一种斜纹地上起斜纹花的丝织物，通过经纬组织枚数、斜向、浮面中的一个或多个要素的不同来显花。

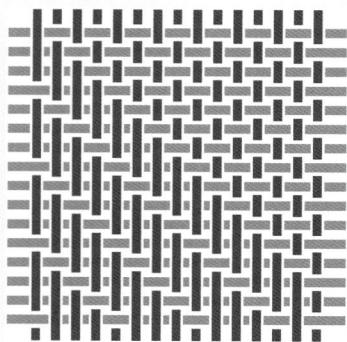

01 绮织物组织　　　　　　　02 绫织物组织

纱与罗都是经纬线稀疏并织物上呈现小孔的丝织物。一般而言，凡经线起绞、纬线平行交织的织物均可称作纱罗织物，但一些稀疏的平纹组织往往也可被称为纱。纱出现得很早，周代已有以纱制作王后和命妇服饰的记载。纱的基本组织为由两根经丝相互绞转并每一纬绞转一次的二经绞组织，实物则以多种组织配合织造的暗花纱居多（图03）。汉唐间纱罗织物的主要组织类型是链式罗，又称无固定绞组罗，其中又以四经绞罗最为常见。花罗是罗地上显现各种花纹图案的罗织物总称，通常以四经绞作地，以二经绞显花（图04）。

锦是一种重组织结构熟织物，丝线先染后织，通过织物结构的变化，呈现变化的色彩和图案。经锦包括平纹经锦和斜纹经锦两类，在中国古代平纹经锦出现最早，战国时期的墓葬已有出土，以经线显花，采用1/1平纹经重组织织造（图05）。约在隋代前后，平纹经锦渐渐被斜纹经锦所取代。斜纹经锦多采用三枚斜纹经重组织（图06）。纬锦包括平纹纬锦和斜纹纬锦。平纹纬锦指的是平纹纬二重织物（图07），从现有的考古资料看，最早的斜纹纬锦

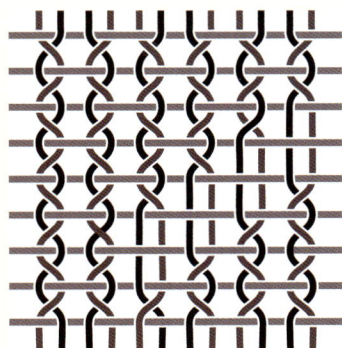

03 花纱织物组织

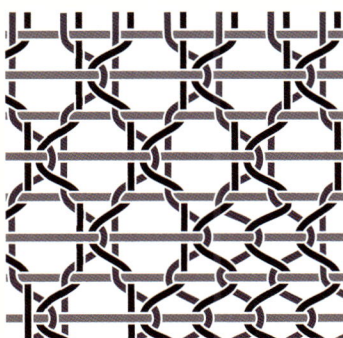

04 花罗织物组织

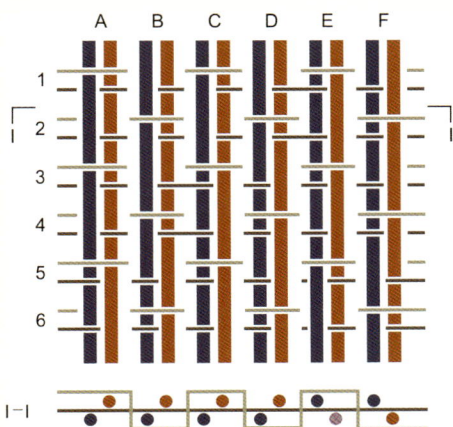

05 平纹经锦织物组织

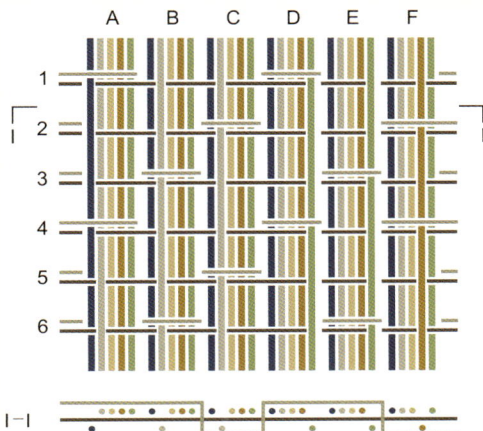

06 斜纹经锦织物组织

出现于唐代早期，到中晚唐时已基本取代了经锦而成为占主导地位的锦类织物。几乎所有的斜纹纬锦都是三斜纹锦，其基本组织都是斜纹纬二重，即由一组明经和一组夹经与纬线以斜纹规律进行交织。斜纹纬锦也可以分为两类。一类的明经只在纬线的表面按斜纹交织规律进行固接，组织以 1/2 斜纹纬重组织为主，织物正面为纬面组织，而反面为经面组织，我们称之为全明经型纬锦（图 08）；另一类的明经在一斜纹循环中只在织物表面和反面各出现一次，形成对纹纬的固结，而另一组织点处却插在表纬之下、底纬之上，与夹经的位置相同，织物两面均为纬面效果的 1/2 斜纹纬重组织，我们称其为半明经型斜纹纬锦（图 09）。大约从晚唐开始，斜纹纬锦的基本组织结构和织造技术有了极大的变化，半明经型斜纹纬锦开始出现，由于此类实物大量出自辽代，也被称为辽式斜纹纬锦。双层锦在织造时使用两组经线和纬线，通过表里换层，形成正反图案相同但色彩相异的双层组织（图 10）。早在战国—秦汉时期中原地区就已出现使用双层组织进行斜编的丝织物，在我国西北地区出土的汉魏时期的毛织物上也发现有双层组织，但双层丝织品大量出现则是在唐代。

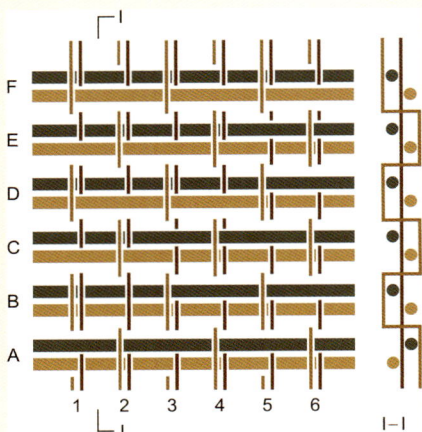

07 平纹纬锦织物组织

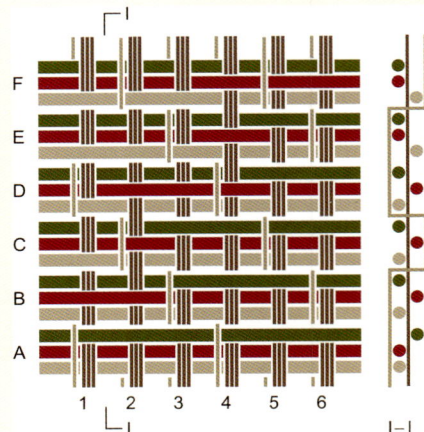

08 全明经型斜纹纬锦织物组织

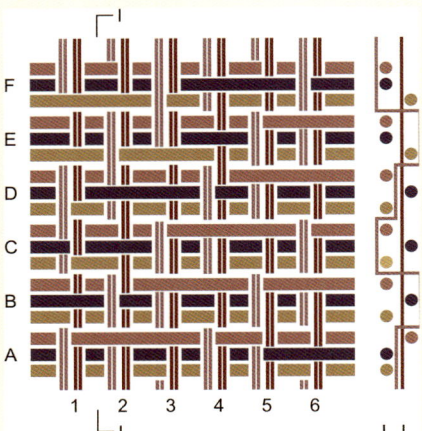

09 半明经型斜纹纬锦织物组织

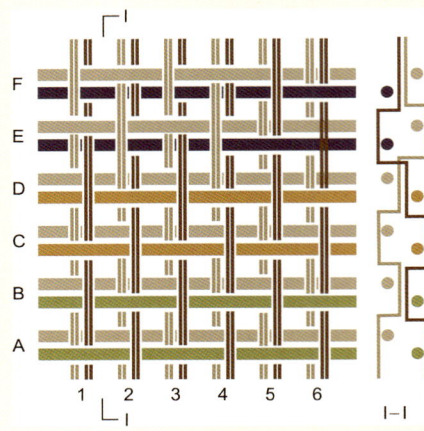

10 双层锦织物组织

　　缂丝是以不同色彩纬线在不同区域以通经回纬方式挖织产生图案的产品，因而织物上常因垂直的花纹轮廓而留下纬丝转向时的断痕。织造时，以平纹组织为基础，以本色丝作经，以彩色丝作纬，用小梭将各色纬线依图案以平纹组织缂织（图11）。

　　刺绣是用针引线在织物上穿绕形成图案的一种装饰方法。中国刺绣的起源很早，不过，其最有特色的针法一直是锁针绣（图12）。这种针法早在商周时期就已经可以看到。从商代包裹青铜器的丝绸印痕和西周时期丝绸荒帷在泥土上留下的印痕来看，当时采用的正是锁针绣。中国的刺绣在汉晋时期以锁针绣为主，是出土的汉晋丝绸刺绣实物的主流绣法。湖南长沙马王堆出土的绣品和新疆塔克拉玛干沙漠四周的汉晋时期墓葬如尼雅、楼兰、营盘、山普拉等地出土的刺绣用的都是锁针。锁针用于制作大面积大密度的作品时过于费时费工，因此，一种表观效果与锁针基本一致但效率大大提高的针法——劈针出现了（图13）。劈针属于接针的一种，在刺绣时后一针从前一针绣线的中间穿出再前行，从外观上看起来与锁针十分相似；它和锁针的最大区别就在于劈针的绣线直行而锁针的绣线呈线圈绕行，因此其技法比锁针要相对方便得多。唐代更常见的刺绣针法是平针，是一种运针平直，只依靠针与针之间的连接方式进行变化的刺绣技法。钉针是将单独的丝线或金属线钉于织物上而形成图案，平针和钉针结合出现了压金彩绣、簇金绣和盘金绣（图14）。

| 11 缂丝 | 12 锁针 | 13 劈针 | 14 平针和钉针 |

汉代中国已经有了印花丝绸，之后又发展出了染缬工艺，主要包括绞缬、夹缬、蜡缬和灰缬（图15、16、17、18）。绞缬即今日所谓的扎染，是指按照一定规律用缝、扎等方法绞结丝织物，染色后再解去缝线或扎线以得出花纹的一种防染印花工艺及其产品。敦煌马圈湾汉代遗址中曾出土过一件类似绞缬的丝织品，但用于服饰的绞缬实物在魏晋时期的墓葬才有较多的发现。另一种防染印花工艺及其产品是夹缬。操作时，使用两块木制花版夹持织物而进行染色。夹缬之名始见于唐代，在唐宋时十分流行。蜡缬与灰缬的制作工艺相似，只是蜡缬使用蜡作为防染剂，而灰缬使用碱剂作为防染剂进行印花。由于唐代的碱剂以草木灰或石灰为主，所以唐代的碱剂印花往往被称为灰缬。灰缬以淀粉类物质掺以碱性物质作防染剂进行染色后，得到防染效果的图案。

| 15 绞缬 | 16 夹缬 |

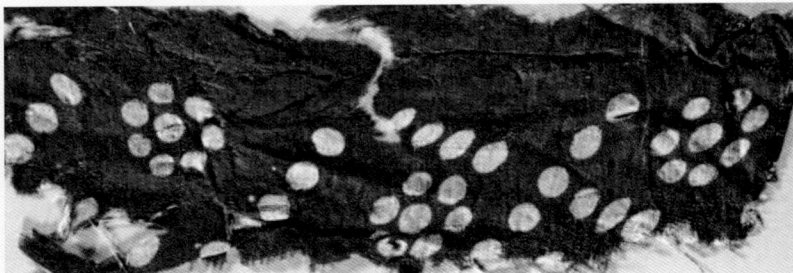

17 蜡缬　　　　　　　　　　　　　　　　18 灰缬

三、汉代丝绸的图案

战国—秦汉时期中国的织绣技术已达到了相当高的水平，当时的显花丝织物品种主要包括暗花罗、绮、平纹经锦以及以锁针绣为主的刺绣。汉代织锦既可以在同一区域内使用多色经线来变换色彩，也可以通过不同色彩的经线分区排列来呈现多色，用色至多可达五色。汉代织锦常为五色，这应与当时的阴阳五行学说相关。《周礼·冬官考工记》："画绘之事杂五色。东方谓之青，南方谓之赤，西方谓之白，北方谓之黑。天谓之玄，地谓之黄。五彩备谓之绣。"故当时标准的五色或五彩是白、黑、青、红、黄，它们与五行中的金、水、木、火、土或五方中的西、北、东、南、中分别对应。汉代织锦中的五色显然也与此有关，但当时织锦五色一般都采用蓝、红、黄、绿、白五种，分别以蓝取代黑，以绿取代青。

（一）云纹

汉代的云纹主要出现在刺绣和织锦上，刺绣上以单纯的云纹为多，其中以马王堆出土的刺绣最为著名。根据随葬遣策上的记载，马王堆的云纹刺绣为三种，分别为长寿绣、信期绣和乘云绣。这三种云纹比较类似，云头部圆润，尾部分叉呈腾飞状。

织锦上多采用云气、动物甚至是汉字组合而成的云气动物纹，是汉代织锦中最具特色的主题图案之一，当时也被称作云虡纹。[1] 此类锦在新疆的楼兰和尼雅地区发现最多，其色彩、造型和排列方式都很相似：云纹一般是作为图案的骨架，其间穿插有龙、虎、麒麟等瑞兽和禽鸟。当时的云气造型主要有四种：一是穗状云，云带断裂，带有花穗状

---

[1]　孙机. 汉代物质文化资料图说. 上海：上海古籍出版社，2008：80.

云朵的特征纹样；二是山状云，云气无间断并呈现出山的形状；三是带状云，飘逸如绸带；四是涡状云，细小而排列整齐，已明显带有外来艺术风格的影响。[1] 受到织造技术的限制，这些经锦上的图案纬向不循环，云气纹骨架通常是通幅排列。图案在经向的循环很小，多在 5 厘米上下，故织物上会呈现出一条条的窄带形图案。图案的色彩丰富，通常在三色以上，且多分区显色，织物上能看到明显的纵向色彩分区。云气动物纹中往往还穿插着汉字铭文，多是一些祈福或具有吉祥和特殊含义的词句，如"王侯合昏千秋万岁宜子孙""中国大昌四夷服诛南羌乐安定与天毋疆"等。这些文字不仅反映了当时的社会思想、人们的信仰理念，而且有的可能还涉及当时重大的社会政治事件，因此具有很高的历史研究价值。

（二）动物纹

动物纹是汉代织物中常见的纹样，可分为兽类和禽类，它们往往置于云气纹或几何纹形成的骨架中。如尼雅出土的"安乐绣文大宜子孙"锦在云气纹构成的骨架中穿插汉字和龙、虎、豹、鸟等动物形象。

龙为神兽，是汉锦中常见的兽纹之一。《述异记》中记载龙有多种："有鳞曰蛟龙，有翼曰应龙，有角曰虬龙，无角曰螭龙。"虎是勇猛、威武的象征，而白虎作为汉代四神灵之一，也很受欢迎。豹造型生动、简洁，身上有斑点。麒麟是传说中的一种独角兽，常以躯体似鹿、头上有一角的动物形象出现。其他的兽类形象还包括马、熊、鹿、羊和辟邪等。此外，有翼是当时织锦兽纹中的常见形式，龙、虎、马、熊等均有小小的双翼。

相对于兽类，汉锦中的禽类纹样比较少。又由于纹样本身不大，故不是很显眼。常见的禽类主要有传说中的神鸟凤凰、象征男女爱情的鸳鸯、寓意长寿的鹤、志向远大的鸿鹄以及华丽高贵而又似鸡形的鸾等。

（三）兽面纹

汉代的兽面纹与商周时期青铜器上的饕餮纹或许有着某种联系，两者有些相似，均为有首无身的动物形象，不过前者下方通常保留两只细小的前肢。兽多为虎、豹、牛和

---

[1] 赵丰. 织绣珍品：图说中国艺术丝绸史. 香港：艺纱堂·服饰出版，1999：66.

羊等，张口瞠目，以鼻梁为对称轴呈左右对称。汉代史游《急就篇》中的"豹首"纹锦和魏文帝曹丕《与群臣论蜀锦书》中提到的"虎头锦"应该就是指这类兽面纹锦。兽面纹常与其他纹样一起出现，或置于几何形骨架中。直到魏晋南北朝时期，兽面纹还能见于丝织物上。

（四）连璧纹

璧是中国古代玉器，《周礼·春官宗伯》中记载"以苍璧礼天，以黄琮礼地"以及"疏璧琮，以敛尸"，可见在当时，璧用于祭祀或者墓葬。春秋战国时期的墓葬中亦可见用组带将玉璧系于外棺的情况，《庄子·杂篇·列御寇》曰："吾以天地为棺椁，以日月为连璧，星辰为珠玑，万物为赍送。"汉代的画像石和魏晋时期的壁画、棺板画上也经常可以看到璧的形象。丝织物上圆形的璧多用组带串联起来，形成连璧。连璧纹锦在楼兰和帕尔米拉（今叙利亚境内）都有发现。

（五）茱萸纹

《邺中记》记载后赵石虎织锦署中生产的锦名中即有"茱萸"之名，但其纹样在丝绸上的实际应用应更早。汉代的刺绣和织锦上有一种植物纹样，枝干卷曲，末端是一种三瓣裂叶形的花，此种图案很可能就是茱萸纹，以茱萸作为织物纹样也带有吉祥辟邪的意义。马王堆出土的刺绣、印染和织锦中，都出现了茱萸纹。其中以茱萸纹刺绣纹样最为清晰，且色彩分明；茱萸纹锦的纹样较为简单，仅一果壳，中有果实数点，与枝结合而成；茱萸纹印花敷彩纱上的茱萸变形较大，枝蔓卷曲，有花有果。茱萸纹锦在稍晚的楼兰遗址中也有发现，变得更为卷曲了。[1]

（六）几何纹

汉代几何纹中最具代表性的要属杯纹了，《释名》中记载当时的丝织物纹样"有杯文（纹），文（纹）形似杯也"[2]。这种杯纹体现的应该是汉代耳杯，杯口椭圆形，浅腹平底，口缘两侧各有一个半月形或方形耳。从战国至西汉初年的墓葬，特别是湖南长沙马王堆一号墓中出土的绮织物和罗织物来看，纹样中杯纹口沿的圆弧变成了直线，形成中

---

[1] 赵丰. 中国丝绸艺术史. 北京：文物出版社，2005：134.

[2] 刘熙. 释采帛第十四 // 释名. 北京：中华书局，1985：69.

间一个大菱形、两侧各置一小菱形的图案。尼雅出土的树叶杯纹绮的纹样既有菱格形杯纹，又有在杯纹之间穿插的树叶纹。此外，当时大量的由对称锯齿骨架组成的几何纹样，很可能也是一种变形杯纹。杯纹有时也以骨架的形式出现，如马王堆出土的一件杯纹对鸟纹绮中有两种不同的主题，一是杯纹中的对鸟，二是以几何纹为中心的杯纹。

波纹也常见于汉锦，这是一种主要由上下曲折的曲线构成的纹样。曲波中间有时也会织入汉字，如尼雅出土的"世毋极锦宜二亲传子孙"锦；也会织入鸟纹或其他纹样，如马王堆出土的波纹孔雀锦。

尼雅墓葬中出土过一个锦袋，面料以黄色为地，蓝色显花，很像老虎的斑纹。此锦很可能就是《邺中记》中记载的"斑纹锦"。类似的织物在楼兰也有发现。此外，汉代的几何纹还包括矩形纹、菱形纹和三角形纹等。

四、晋唐丝绸的图案

随着丝绸之路艺术文化的交流，西方的织物图案开始影响中国的丝绸设计，大量出土于丝绸之路沿途的公元5至9世纪的丝织品都反映了这种西方纺织文化的影响。丝绸上开始出现模仿西域风格的图案题材，包括西域的各种珍禽异兽，如狮子、骆驼、大象、翼马、孔雀等。各种人物也出现在丝织品上，如狩猎骑士、牵驼胡商、对饮番人以及异域神祇。图案的构图也和汉魏织锦中典型的云气动物纹样有较大区别，多采用骨架式的构图，如菱形或方形的规矩骨架、两圆相套的套环骨架、六边形构成的龟甲骨架、以联珠为主体而四方连续的簇四骨架、二方连续的簇二骨架、呈弧形的对波骨架和交波骨架等。骨架之中，往往置以对称的动物纹样，这些纹样的站立方向经常与纬线方向相一致，与汉代云气动物纹锦刚好相反。

隋唐时期丝绸图案的另一条源流是以从传统的动物纹中游离出来的柿蒂纹作为基本原型，然后吸取了各种植物纹样的图案开始进行变化，并由此分出两条支流。一条由瓣式宝花发展成为蕾式宝花，花型越来越大，色彩层次越来越丰富，更是出现了结合西域风格的陵阳公样。而另一条向折枝方向发展，写生型的折枝终于成为唐代艺术的主流：它与缠枝结合便成了写生花鸟的主要形式；它与宝花团窠结合，就变出侧视宝花；它与景象结合，就有了景象折枝和景象宝花。

随着丝织技术传入西域，当地人民也开始学习织造丝绸，特别是提花织锦的方法。

织物采用平纹纬重组织织造，实现了从经锦到纬锦的过渡。大约从北朝时期开始，粟特地区的织锦开始兴起。这是一类提花纬锦，图案以大窠的联珠纹为特点，窠内纹样有骑士狩猎、翼马、猪头、大鹿、含绶鸟等。其基本技术特点是采用三枚斜纹纬重组织，属于标准的唐式纬锦之类，其经线总是加有捻度较大的 Z 捻，通常由 2—3 根并列而成，一般有本色和深红两种色彩。其纬线非常平直，色彩丰富，不同色彩的纬线相互覆盖非常完整；其图案只在纬向而不在经向循环，图案的勾边通常以二纬二经为单位，此类织锦应该是产自中亚地区的织锦。

唐代用于丝绸染色的植物染料不下 30 种，从染色色泽来看，可分为红、蓝、黄、紫、黑五大色调，若再加上练白一项，就与织染署下的"练染之作有六"——青、绛、黄、白、皂、紫完全相当了。

（一）联珠纹

一般认为，西域文化对丝绸图案的最大影响是联珠纹，在魏晋南北朝及隋唐时期非常流行。联珠纹其实并不是主题纹样，而是一种由大小基本相同的圆形几何点连续排列而形成的几何形骨架。这个骨架可以是方格、菱格、对波或者圆形，然后再在骨架中填以动物、花卉等各种主题纹样。团窠联珠以小圆点构成联珠环，如果环环相切，则形成簇四骨架。环与环之间的空隙，则通常会加入辅花，多以十字形花卉构成，但有时也会出现动物甚至人物。

联珠纹传入中国后，逐渐与中国传统的卷云纹和花卉纹结合，产生了一种由联珠环和卷云或花瓣等构成的复合联珠环团窠。如吐鲁番阿斯塔那墓葬出土的黄色团窠双珠对龙纹绮，饰有双层联珠构成的复合联珠环。

（二）珍禽异兽纹

汉代动物纹样主题大多为中国传统题材，到魏晋之后，又有许多新的珍禽异兽和家畜出现在丝织品上，主要有狮子、象、骆驼、孔雀、羊、鹿、猪和马等。

狮子产于异域，在汉代传入中国，汉代画像石上已可见狮子的造型。象亦产于南亚地区，是南亚热带丛林中极为重要的交通工具。骆驼是丝绸之路上重要的交通工具，被称为沙漠之舟。从北朝开始，狮子、象和骆驼作为主题纹样开始出现在丝织物上。如吐鲁番阿斯塔那墓葬出土的"胡王"锦，在小联珠组成的簇四骨架中填以狮子、象以及由胡人牵引的骆驼。

孔雀产自南亚，吐鲁番阿斯塔那墓葬中出土了好几件北朝至隋代的联珠孔雀纹锦。孔雀纹沿用至唐代，唐文宗即位之初（827年）更是规定孔雀为三品以上官员的官服图案。[1]

魏唐时期的丝织物上出现了一种与中国传统羊纹不同的羊纹，长角，体形健壮，与波斯器皿上的羊造型相仿，可能是一种西亚的野山羊。

北朝至唐的鹿纹与中国传统鹿纹的造型亦有较大区别。这是一种马鹿，体态亦是相当健壮，雄鹿有多叉的角。此类鹿纹当来自西亚。[2]吐鲁番阿斯塔那墓葬出土过几件初唐时期的联珠大鹿纹锦。

猪作为纺织品纹样主要出现于唐代的织锦和刺绣，多以联珠环内的猪头形式出现。这些猪头通常形象逼真，具有明显的西亚和中亚风格。眼睛圆睁，口张开，露出两只弯曲的獠牙和下齿。面部用带有锯齿边的几何纹区分出额头、鼻翼、下颌和面颊等区域，颈部布满条纹状鬃毛。

在我国西北地区出土的北朝晚期至盛唐的织锦中，还可以看到翼马的形象，其原型应该是希腊神话中的珀伽索斯（Pegasus）。[3]一些马的头上戴有冠饰，颈部饰以联珠纹绸带，飘至颈后，四只腿上亦系飘带，马尾打结。此类翼马纹锦在我国吐鲁番阿斯塔那和埃及安底诺伊均有出土，也见于日本法隆寺收藏的一件唐代四天王狩狮纹锦上。

（三）宝花纹

宝花在敦煌织物和壁画中都有大量出现，是唐代对花卉团窠的一种称呼，《新唐书》中就有越州"土贡：宝花、花纹等罗"的记载。[4]通过记载与实物的对比，我们可以知道宝花是由自然形态花卉抽象概括而得，造型多呈对称放射状，把盛开或半开的花、蕾和叶等组合，形成更具装饰性的图案。

朵花可以看作是宝花团窠的初级形式，非常简单，通常只有四瓣、五瓣或六瓣的正视小团花。这类图案非常简单，也十分普遍，几乎在整个唐代都有出现，没有明确的流行时期。真正的宝花是把花瓣与叶、花蕾结合起来，这些花蕾多取其侧面造型，因此初

---

[1] "袍袄之制：三品以上服绫，以鹘衔瑞草，雁衔绶带及双孔雀……"欧阳修，宋祁．志第十四　车服∥新唐书．北京：中华书局，1975：531．

[2] 赵丰．中国丝绸艺术史．北京：文物出版社，2005：138．

[3] 赵丰．唐系翼马纬锦与何稠仿制波斯锦．文物，2010（3）：71-83．

[4] 欧阳修，宋祁．志第三十一　地理五∥新唐书．北京：中华书局，1975：1060．

看与花瓣的效果相仿。随着宝花的演变，花蕾变成了花苞，所占比重也越来越大，装饰手法中采用了多层次的晕绸，宝花显得更加雍容华贵。这种风格在开元年间达到了全盛，并一直流行到晚唐甚至是五代、北宋。

宝花作为主题纹样既出现在多彩的锦中，也常见于单色的绫，此外它也是夹缬图案很重要的主题之一。藏经洞中发现了大量的宝花纹夹缬绢，主要用于幡的制作，不过夹缬中的宝花大多以菱形出现，这可能是受到了夹缬工艺的限制。

宝花是一种从中国传统的花卉纹发展演变出来的纹样，沿着丝绸之路向西方传播，乌兹别克斯坦布哈拉附近的瓦拉赫沙壁画中粟特王的坐垫织物上就绘有宝花纹[1]。在敦煌发现的中亚系统织锦中也有一件红地宝花纹锦，图案层次丰富，华丽富贵，但边缘较生硬，透着一种异域风格。从技术上分析，这件红地宝花纹锦属于典型的中亚粟特织锦系统，应该是唐代中亚织工生产的。

（四）陵阳公样

初唐至中唐之际，丝织物上出现了一种团窠纹，外环由花卉和枝叶构成，内填鸟兽，此种纹样很可能就是史料中记载的"陵阳公样"。唐代《历代名画记》中记载唐太宗年间窦师纶曾任职于盛产丝绸的益州（今属四川省），他创造出寓意祥瑞、章彩奇丽的绫锦，被誉为"陵阳公样"[2]。从陵阳公样出现的年代及描述可以推测，在花卉环内填充鸟兽主题纹样的团窠纹应该就是"陵阳公样"。吐鲁番出土的一件宝花环立鸟印花绢亦应属于这一类型，出土时伴有唐高宗永隆元年（680年）的文书。这类团窠纹样的丝织物在敦煌和青海都兰也有发现。

（五）折枝花鸟纹

约自盛唐起，折枝花鸟纹样开始大量出现，这是一种由花头和叶——有时还包括枝梗——组合而成的花卉图案。其相对应的图案排列形式是散点式，各折枝花之间没有相互关联。《新唐书》中记载，唐高祖在位时（618—626年）"亲王及三品、二王后，服大科绫罗，色用紫，饰以玉；五品以上服小科绫罗，色用朱，饰以金；六品以上服丝布交梭双纠绫，色用黄"。唐文宗即位之初（827年），对当时的官服图案明文做了变更："三

---

[1]　Rowland, Benjamin. *The Art of Central Asia*. New York: Crown Publishers, 1974: 67.

[2]　张彦远. 历代名画记. 周晓薇，校点. 沈阳：辽宁教育出版社，2001：88-89.

品以上服绫，以鹘衔瑞草、雁衔绶带及双孔雀；四品、五品服绫，以地黄交枝；六品以下服绫，小窠、无文及隔织、独织。"[1] 这里的鹘衔瑞草、地黄交枝都应属折枝花鸟纹。

以花、叶作为主题纹样穿插于波状植物藤蔓间形成的缠枝花纹在藏经洞所出土的丝织品中也有大量发现，对于这类图案我们可以称其为缠枝排列，其花枝走向基本呈 S 状。

（六）旋转团窠纹

自唐代晚期开始，一种由两只鸟或兽头尾相接回旋排列而成的小型团窠纹开始出现，这种排列方法被工艺美术界称为"喜相逢"，我们在此称为旋转团窠纹。与联珠团窠纹或宝花团窠纹通常有主花和辅花两种主题进行二二错排不同的是，旋转团窠纹通常只有一种主题纹样，二二错排，在团窠的周边形成六边形的空隙。

目前所见最早的旋转团窠纹实物是法门寺地宫出土的鹦鹉纹锦，这种旋转团窠纹还大量出现在敦煌藏经洞所出土的辽式纬锦和妆花中。冯·勒柯克在新疆吐鲁番发掘过一件麻布幡，上面的回鹘国王身上也绘有非常相似的飞雁团窠纹 [2]，此类图案可能是唐代晚期的流行图案。

小　结

战国—秦汉时期是丝绸之路开拓过程中的重要年代，丝绸之路至唐代达到鼎盛时期。丝绸作为服饰和日用品大量出现在丝绸之路沿线人们的生活中，并记载在历史文献中。汉代前后，养蚕和丝织技艺沿着丝绸之路由内地传往西方，中国丝绸艺术开始影响西方艺术文化。在思想文化上，秦汉统治者都十分热衷于源于道家的神仙学说。因此，在当时的各类艺术作品中，神仙思想得到了充分的表现，而在丝绸艺术作品中的具体表现则是大量的云纹。中国传统的云气动物纹样到魏晋时已僵化并衰退，西方艺术开始影响中国内地的丝绸图案，继之而起的是模仿西域风格的各种骨架排列，其中环式联珠团窠纹被较多地用于织物。隋唐时期，东西方设计艺术兼容并蓄，出现了陵阳公样，同时一种以花卉纹样为主题的团窠宝花纹亦开始兴起，并向折枝、缠枝花鸟纹演变，最终形成大唐新样。

[1] 欧阳修，宋祁. 志第十四　车服 // 新唐书. 北京：中华书局，1975：531.
[2] 冯·勒柯克，瓦尔德施密特. 新疆佛教艺术：上. 乌鲁木齐：新疆教育出版社，2006：256.

战国—秦汉

1 舞人动物纹

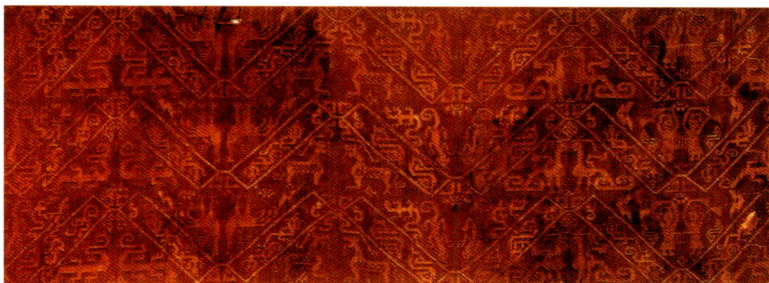

战国：舞人动物纹锦

湖北江陵出土
荆州博物馆藏

　　此件织物为战国时期的平纹经锦，1982年出土自湖北江陵马山1号楚墓。图案主题纹样为舞人和动物纹，经向循环约5.5厘米，纬向横贯全幅。单元图案由左右倾斜的矩形排列形成锯齿形骨架，矩形内填以双龙和几何纹。矩形外的空间填以八组纹样：四组对龙，两组对凤，一组对麒麟，而最引人注目的是一对舞人，头戴冠，冠尾后垂，身穿长袍，系腰带，挥动长袖，翩翩起舞。

　　织物最左端的对龙有着明显的织造错误，矩形和龙尾部分出现了断裂。这一错误在所有的图案循环中被一再重复，说明错误是在织造前编织花本时产生的，以致在织造过程中无法加以改正。这从另一方面证实了当时中国的丝织技术中已确有提花装置控制图案在织物中的重复，但还不能控制其纬向循环，以致织物在整个幅宽范围内图案无纬向循环。

赵丰. 织绣珍品：图说中国丝绸艺术史. 香港：艺纱堂·服饰出版，1999：59-60.

2 祥禽瑞兽纹

战国：祥禽瑞兽纹锦

柯岑基金会藏

这两件织物为平纹经锦，图案复原后可以看到主题纹样为两对祥禽瑞兽：一对有着龙头凤身；一对鸟头兽身，从身上的斑点推测可能是豹身。此外还有其他一些纹样点缀其间，如太阳、星星、菱形杯纹等。

Zhao, Feng. *Early Chinese Textiles from the Lloyd Cotsen Collection*. Los Angeles: Cotsen Occasional Press, 2015: 6-7.

3 对龙对凤纹

战国：对龙对凤纹锦

柯岑基金会藏

　　这是一件典型的战国时期的平纹经锦，图案为对龙、对凤和一些几何纹。图案三色，深棕色的地上以浅棕色和红色分区显花。红色为朱砂所染，在织物表面形成鲜艳的带状装饰。该锦与1957年湖南省长沙市左家塘44号墓出土的对龙对凤纹锦非常相似。

Zhao, Feng. *Early Chinese Textiles from the Lloyd Cotsen Collection*. Los Angeles: Cotsen Occasional Press, 2015: 1.

4 交龙对凤纹

战国：交龙对凤纹锦

柯岑基金会藏

　　这是一件双色平纹经锦，浅棕色地上以深棕色显花。图案上方为相互缠绕的对龙，下方为对凤。类似的龙凤图案还可见于湖北江陵马山1号楚墓出土的一件浅黄色绢地刺绣上。

Zhao, Feng. *Early Chinese Textiles from the Lloyd Cotsen Collection.* Los Angeles: Cotsen Occasional Press, 2015: 5.

5 菱格对鹿纹

战国：菱格对鹿纹罗

浙江安吉五福村楚墓出土
中国丝绸博物馆藏

　　此件菱纹罗为暗花罗织物，在四经绞地上以二经绞组织显花，形成对比鲜明的特殊效果。菱形图案之间还有一动物图案，四足，头部长有两只硕大的角，可能为鹿一类的动物。在此动物的上部还有一树形图案，底部壮硕，上有五个枝桠，颇有林泉之感。值得注意的是此件织物的图案设计原应为上下对称，但在菱形尖端的部分出现了错织的现象。

赵丰. 丝路之绸：起源、传播与交流. 杭州：浙江大学出版社，2015：166.

6 "五星出东方利中国"云气动物纹

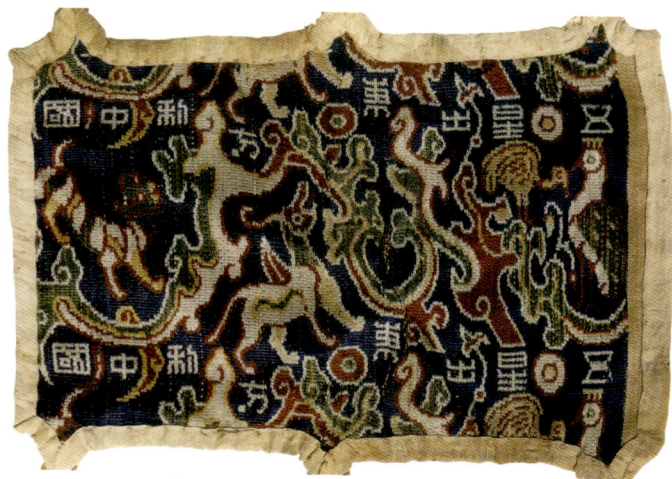

汉—晋："五星出东方利中国"锦护膊

新疆民丰尼雅出土
新疆文物考古研究所藏

　　此锦为五色平纹经锦，以红、黄、蓝、绿、白五色经线显花。织锦图案总体采用山状云作骨架，沿纬向连续铺展。自右边起依次有鸟、独角兽和虎，其间织有铭文"五星出东方利中国"。同墓所出的另一残片可以确定属同一织物，上有云气纹、羽人纹、星纹和"诛南羌"三字铭文，复原后可以连读为"五星出东方利中国诛南羌"。通过对"五星"锦的图案复原，可以看到织物上代表五星不同颜色的五个圆点。五星作为天文占星学上的用语，与汉代五行思想有关。《史记·天官书》中就有"五星分天之中，积于东方，中国利……"的记载。

于志勇. 楼兰—尼雅地区出土汉晋文字织锦初探. 中国历史文物, 2003（6）: 38-48, 85-95.

7 "安乐绣文大宜子孙" 云气动物纹

汉—晋："安乐绣文大宜子孙"锦

新疆民丰尼雅出土
新疆文物考古研究所藏

　　此锦用于缝制一件褐袍的下摆，为典型的汉代经锦，以云气与动物纹样为主题纹样，当时也被称作云虡纹。云纹作为图案的骨架，其间穿插龙、虎、豹、鸟、人以及汉字铭文"安乐绣文大宜子孙"。图案中的人手拿武器骑于龙背，铭文从右至左通幅排列。

8 "万世如意"卷云纹

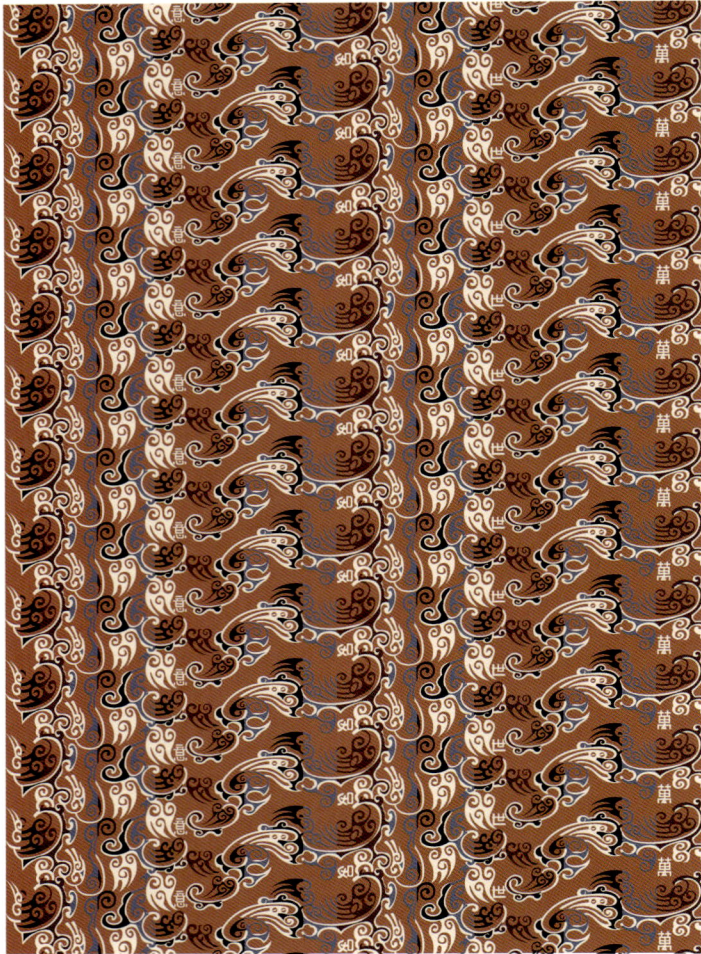

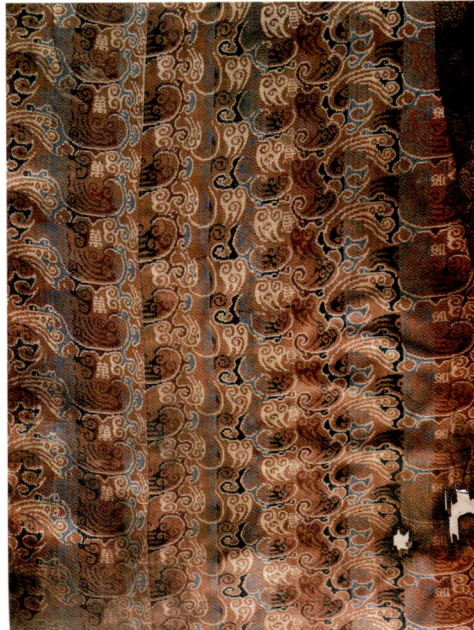

汉—晋："万世如意"锦

新疆民丰尼雅出土

新疆维吾尔自治区博物馆藏

此件经锦以绛色为地，绛、白、天青、绛紫、深绿五色经线显花，花纹为平行排列的不同形状的涡形卷云纹，云纹中间织有隶书"万世如意"四个字。

金维诺，赵丰. 中国美术全集：纺织品. 合肥：黄山书社，2010：59.

9 "中国大昌四夷服诛南羌"云气动物纹

汉:"中国大昌四夷服诛南羌"锦

柯岑基金会藏

　　这是一件典型的汉代五色经锦,深藏青色地上以红色、绿色、黄色和白色显花。图案为云气动物纹,在云气纹骨架中穿插虎、麒麟、翼鹿、羽人和雁等纹样。图案左右对称,但汉字铭文"中国大昌四夷服诛南羌乐安定与天毋疆"从右至左通幅排列。

Zhao, Feng. *Early Chinese Textiles from the Lloyd Cotsen Collection.* Los Angeles: Cotsen Occasional Press, 2015: 15.

10 "王侯合昏千秋万岁宜子孙"云气纹

汉—晋："王侯合昏千秋万岁宜子孙"锦被

新疆民丰尼雅出土
新疆文物考古研究所藏

　　此件织锦原用于缝制锦被，是五色平纹经锦，藏青色地上以绛、白、黄、绿四色显花，其中黄绿两色分区显色。图案为云气纹骨架中穿插"王侯合昏千秋万岁宜子孙"汉字铭文。据考证，这件织锦为中原地区官营丝织作坊专为地方王侯织制的婚礼用锦，故推测，锦被的主人当为某代精绝国国王。

赵丰，于志勇. 沙漠王子遗宝：丝绸之路尼雅遗址出土文物. 香港：艺纱堂／服饰出版，2000：72-73.

11 "千秋万岁宜子孙" 云气动物纹

汉—晋:"千秋万岁宜子孙" 锦枕

新疆民丰尼雅出土
新疆文物考古研究所藏

　　此件织锦用于缝制枕头,平纹经重组织,由藏青、绛红和白色三色经线显花。图案为云气骨架中穿插鸟、树和"千秋万岁宜子孙"汉字铭文。

12 "长乐明光" 云气动物纹

汉—西晋："长乐明光"锦

新疆楼兰出土

新疆文物考古研究所藏

　　这是一件平纹经锦，靛蓝色地，棕、褐、绿三色显花。上有一人物骑兽图案，兽为独角，背上有鳞，似为传说中的神马。兽前方有一作回首状的豹，身后为一带翼怪兽。"长乐明光"四个汉字夹织其中。

金维诺，赵丰. 中国美术全集：纺织品. 合肥：黄山书社，2010：72.

13 "出宝太平风雨时天下" 龙虎纹

汉 ："出宝太平风雨时天下"锦

柯岑基金会藏

这是两块平纹经锦残片，图案不完整。复原的部分包括以植物（很可能是高粱）形成的中轴线，右边是一只角虎，左边是长着凤喙的龙。两只动物盘踞的身体后各跟着一只带角的动物，可能是辟邪。九个汉字铭文"出宝太平风雨时天下"穿插于动物之间。

Zhao, Feng. *Early Chinese Textiles from the Lloyd Cotsen Collection*. Los Angeles: Cotsen Occasional Press, 2015: 13.

14 "好长相保"动物花卉纹

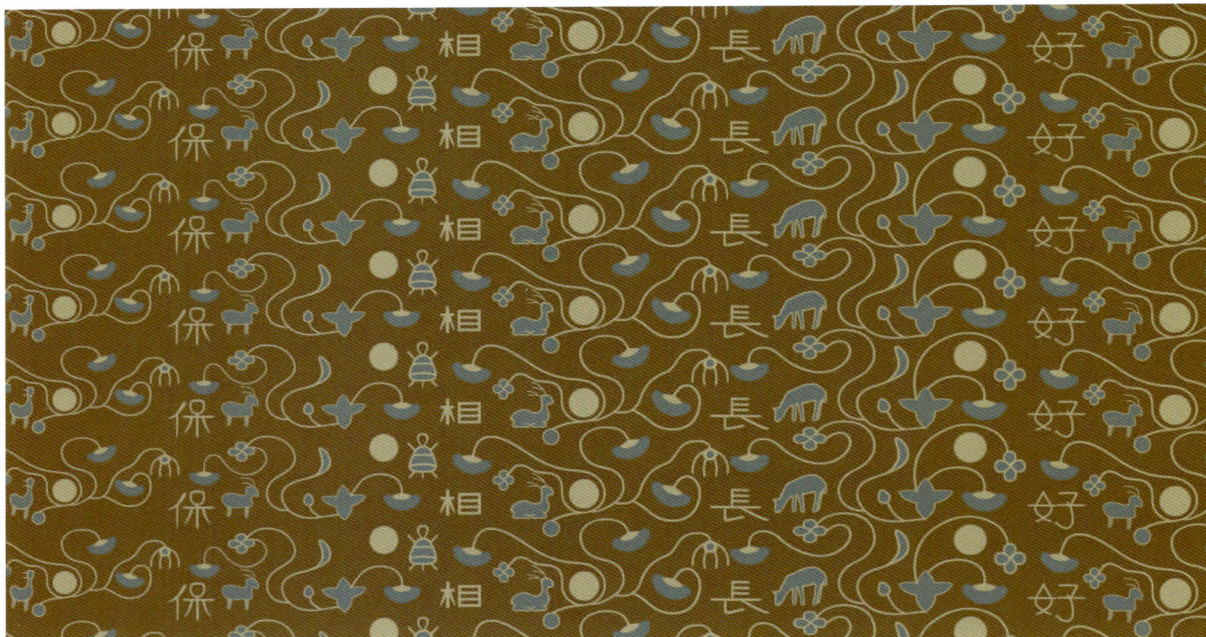

汉："好长相保"锦

甘肃高台骆驼城出土
高台县博物馆藏

　　此纹样选自"好长相保"锦，其上以蓝白两色显花，图案为纵向排列的动物纹与花卉纹，从右至左依次织有"好、长、相、保"的字样。右边无幅边，根据当时经锦的织造幅宽一般为50厘米左右来看，推测原织物右边应该还有另外的文字。

赵丰. 丝路之绸：起源、传播与交流. 杭州：浙江大学出版社，2015：99.

15 "世毋极锦宜二亲传子孙" 波纹

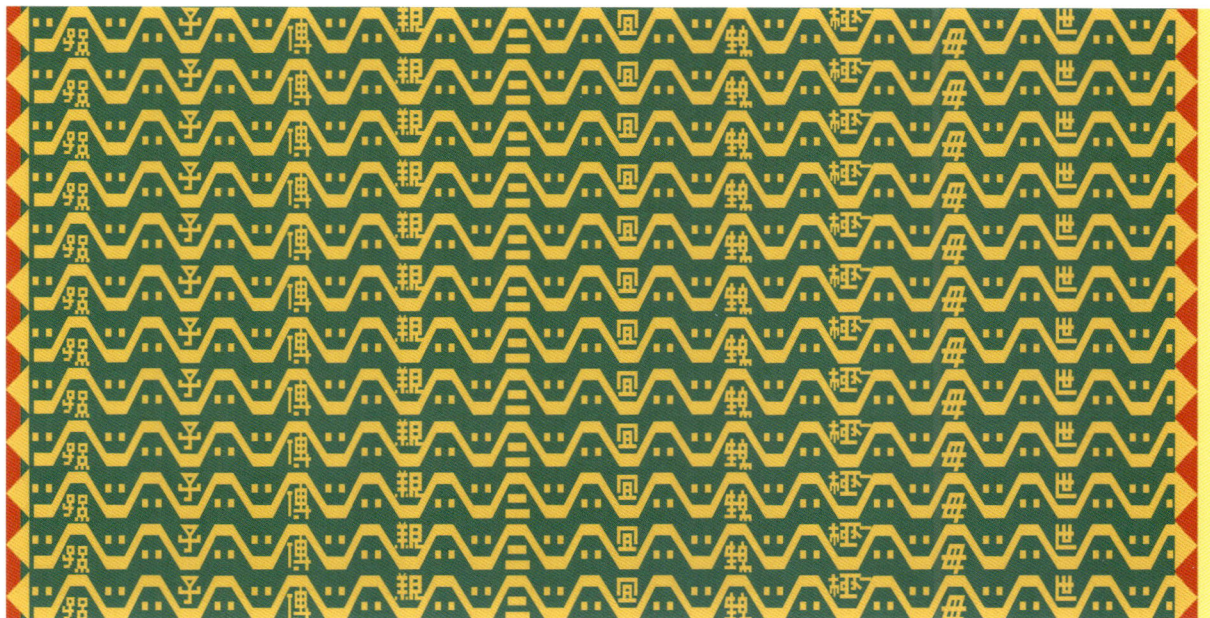

汉—晋："世毋极锦宜二亲传子孙"锦覆面

新疆民丰尼雅出土
新疆文物考古研究所藏

　　这是一件覆面的中间部分，为双色平纹经锦，蓝色地上以黄色显花。图案为波浪形骨架中穿插汉字铭文"世毋极锦宜二亲传子孙"，波浪形应该是简化了云气纹。该锦的图案与楼兰出土的蓝黄两色的"续世"锦非常相似。

16 "阳"字菱纹

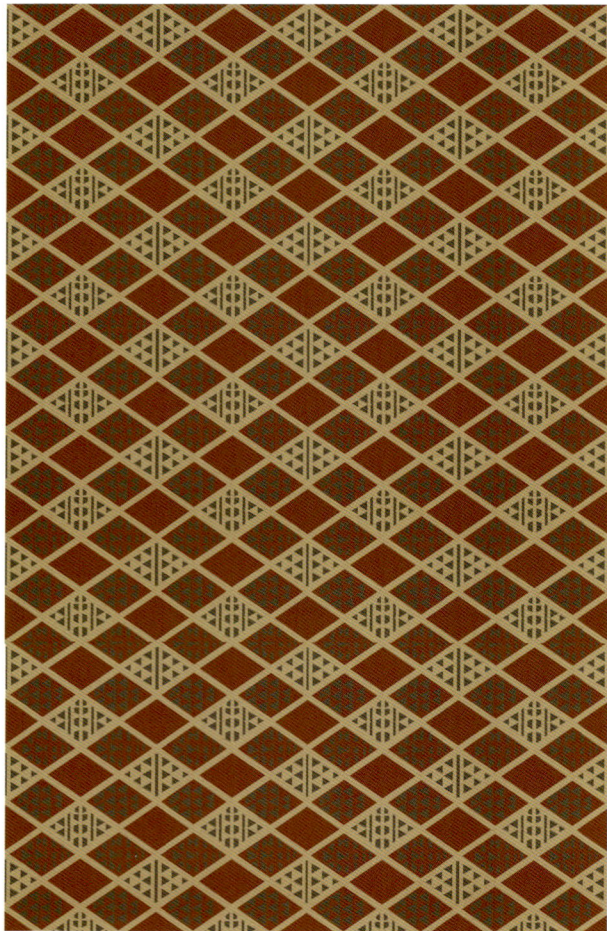

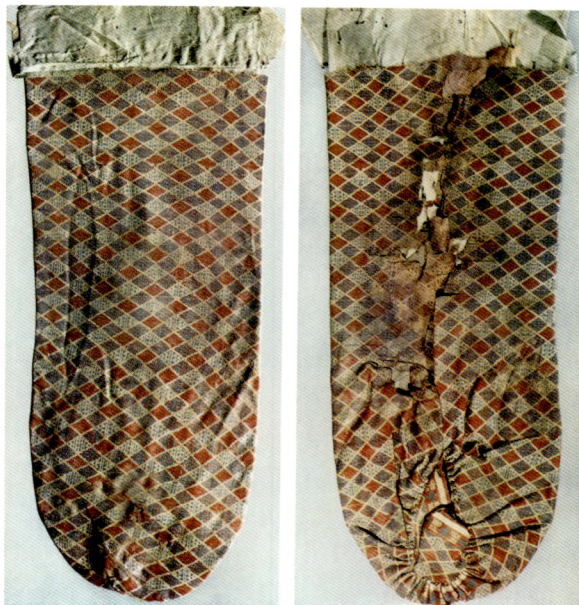

东汉："阳"字菱纹锦袜

新疆民丰尼雅出土
新疆维吾尔自治区博物馆藏

此三色汉锦为一双锦袜的面料，纹样为满地菱纹。菱纹依照颜色可分为两行，一行是绛紫地蓝花，一行是白地蓝花间以绛紫色菱格。菱格中的图案为直线或小三角形。织物幅边有一行白色"阳"字和蓝色四瓣花。

17 兽头纹

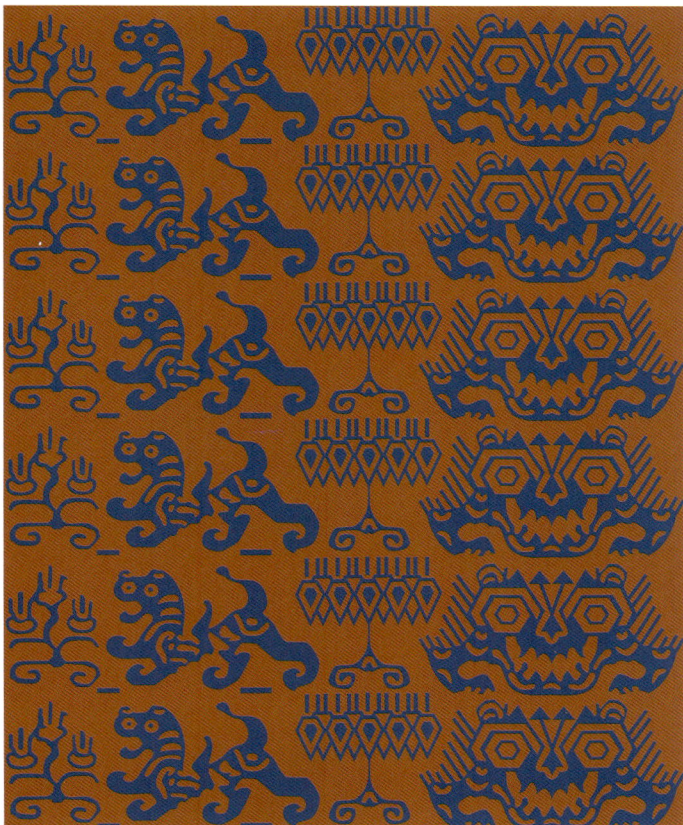

汉：兽头纹锦

新疆楼兰出土

此为斯坦因在楼兰发现的兽头纹锦之一，兽头纹跟连枝灯、虎等纹样横向并列横贯通幅。

赵丰. 中国丝绸通史. 苏州：苏州大学出版社，2005：134-135.

18 兽头纹

汉：兽头纹锦

新疆楼兰出土

　　此为斯坦因在楼兰发现的一件兽头纹锦，图案复原后为一双目圆睁、口大张的兽头。头下方有两只细小的前爪，左右各立一只麒麟。

19 兽面连璧纹

东汉：兽面连璧纹锦

柯岑基金会藏

　　这是一件三色平纹经锦，红棕色地上以蓝色和浅棕色显花。织物残损严重，能辨认的图案包括一个兽面，下方是变形的四肢：前肢长而弯，后肢短而折。兽面下方是一排圆形的璧和其他装饰纹样。

Zhao, Feng. *Early Chinese Textiles from the Lloyd Cotsen Collection*. Los Angeles: Cotsen Occasional Press, 2015: 25.

20 菱格辟邪连璧纹

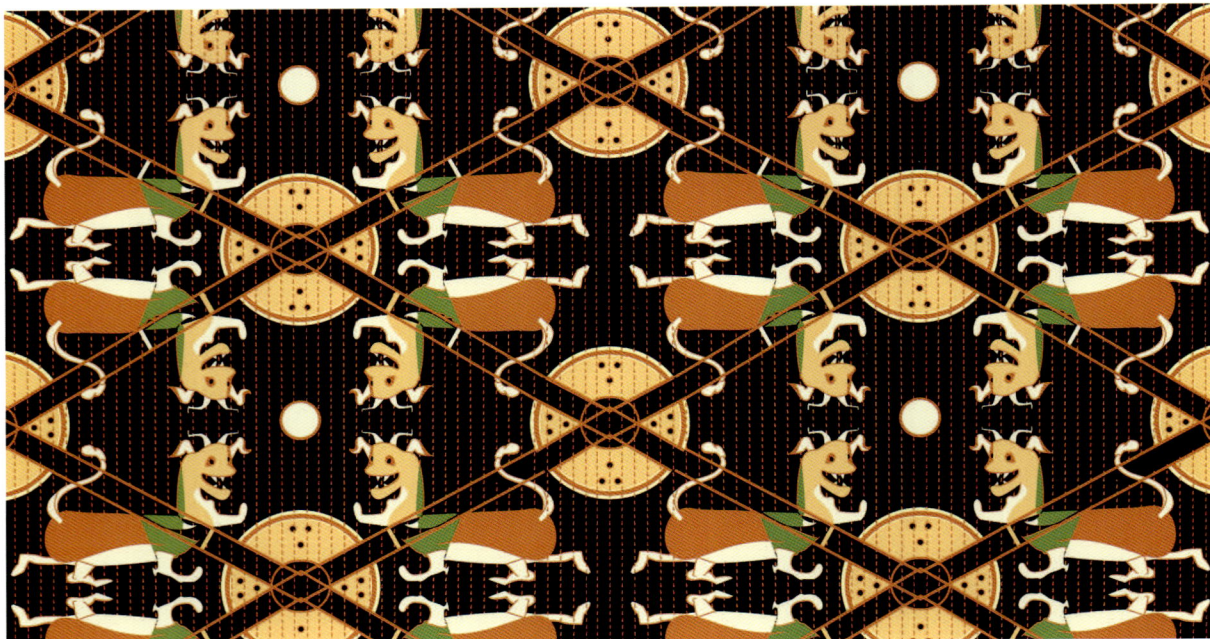

东汉：菱格辟邪连璧纹锦

柯岑基金会藏

　　这是一件五色平纹经锦，深藏青色地上以橙色勾边，浅绿色和棕黄色分区显色，白色用于表达阴影部位。织物局部织入橙色经线以产生雨丝效果。直线组成的菱格交接处为一圆形的玉璧。与大多数动物纹置于菱格中间不同，此图案的菱格边线压在动物身体上。山东出土的汉代画像砖上也可见到类似的图案。

Zhao, Feng. *Early Chinese Textiles from the Lloyd Cotsen Collection*. Los Angeles: Cotsen Occasional Press, 2015: 20.

21 瑞兽纹

东汉：瑞兽纹锦

新疆楼兰出土
新疆文物考古研究所藏

　　这件两色平纹经锦以绛色为地，靛蓝色显花，主题纹样为麒麟、凤鸟和豹，其间以变体卷云纹构成的图案骨架相分隔。

22 人物禽兽纹

汉—晋：人物禽兽纹锦

新疆民丰尼雅出土
新疆文物考古研究所藏

这件平纹经锦的图案骨架呈波曲形，起伏变化幅度较小，而且不见铭文。但其中穿插的动物特别多，造型个个小巧灵动，极有趣味。变体如意云纹与一种类似树形的纹样相间排列形成骨架，其间布列虎、龙、豹、马、骆驼、鹿、麒麟、雀鸟等十二种动物纹以及或单或双的人物。人物着右衽短袍，完全是世俗人物的打扮。

赵丰. 中国丝绸通史. 苏州：苏州大学出版社，2005：129.

44 树叶纹

北朝：树叶纹锦鸡鸣枕

中国丝绸博物馆藏

　　该锦为一锦枕面料，枕两头上翘，形如公鸡，称为鸡鸣枕。图案与新疆吐鲁番阿斯塔那出土的树叶纹锦非常相似，只是配色不同。图案以米黄色和绿色间隔为地，形成带状，红色显花，主题纹样为树叶纹。

45 小花纹

北朝：小花纹锦

中国丝绸博物馆藏

　　此锦采用平纹经重组织，蓝色为地，白、绿、褐三色显花，其中绿色和褐色两组经线分区交替起花。图案以 S 形构成六边形的不封闭骨架，并在其中填入四瓣小花和树叶形图案。纹样虽然较小，但是属于北朝时织锦中较为清新、简洁的纹样。

46 龟背连珠纹

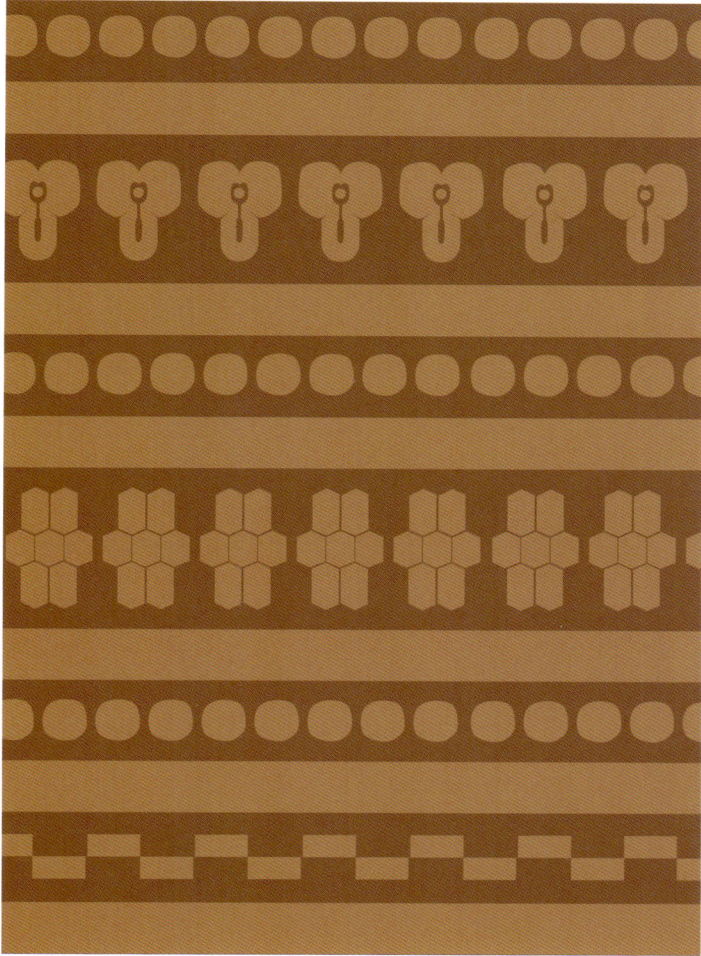

北朝：龟背连珠纹锦

中国丝绸博物馆藏

　　这是一件二色平纹纬锦，黄色地上以深褐色显花。图案非常简单，呈条状排列，分别填入龟背、连珠、三瓣花和方格等纹样。

47 "吉"字纹

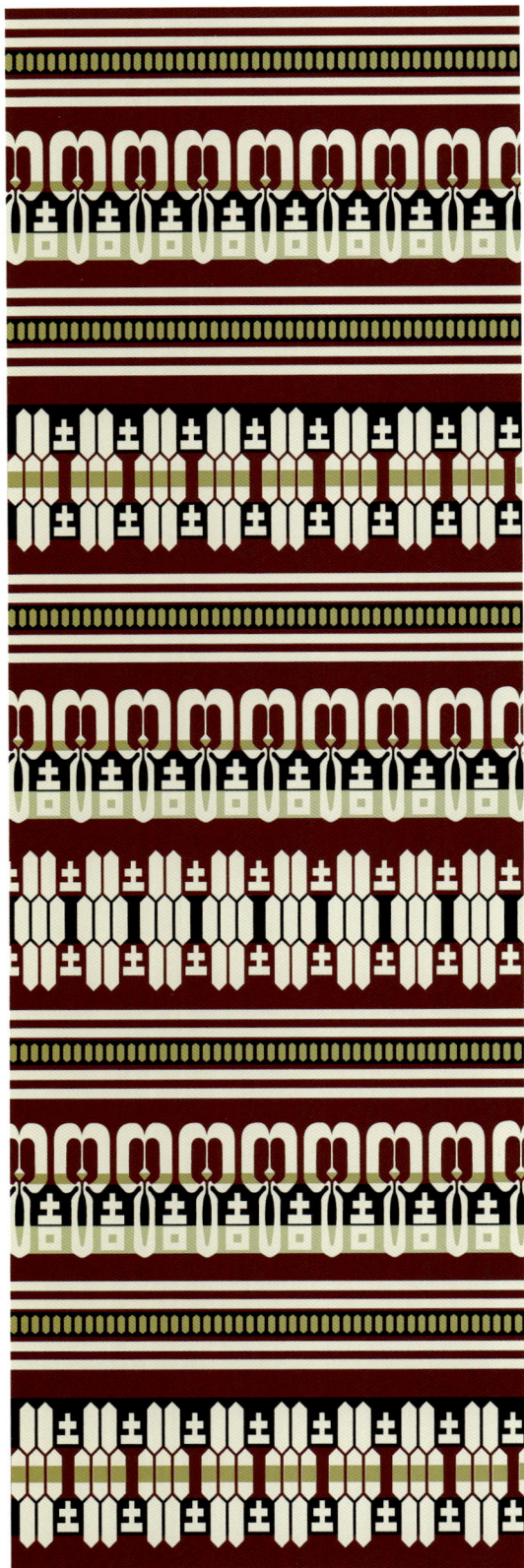

北朝:"吉"字纹锦

新疆吐鲁番阿斯塔那出土
新疆维吾尔自治区博物馆藏

　　这是一件平纹纬锦，红色地上以深褐色、白色和米黄色显花，纬线分区显色。图案以纬线方向的条纹图案为分割，中间排列六边形花瓣朵花，间以"土"字，或者三瓣花，间以"吉"字。

48 禽兽纹

十六国：禽兽纹锦

新疆吐鲁番阿斯塔那出土
新疆维吾尔自治区博物馆藏

　　这是一件三色平纹经锦，藏青色地上以红色和白色显花，图案分区显色。卷云纹和条带构成的拱形和几何纹构成的柱形组成了楼堞状的骨架，立柱两侧对称分布龙、鹿、麒麟、四足鸟等动物纹。

49 列蝶龙凤虎纹

北朝：列蝶龙凤虎纹锦

甘肃敦煌出土
大英博物馆藏

　　这是两片三角形的平纹经锦残片，正面白花红地，背面红花白地（此处纹样图为正面，实物图为背面）。龙纹及龙身形成列蝶状的骨架，饰有涡状卷云纹，凤纹（或朱雀纹）和虎纹交替换行横立在列蝶骨架之中。此类织锦应该就是隋唐文献中所称的"列蝶锦"。从此锦的组织结构及图案风格来看，其年代可能会早到北朝时期，同时也可以看到来自东西方的影响，如涡状卷云纹样有着典型的希腊来源，而平纹经锦的技术则来自中原。

赵丰. 敦煌丝绸艺术全集：英藏卷. 上海：东华大学出版社，2007：120.

50 龟背对鸟纹

北朝：龟背对鸟纹绮

中国丝绸博物馆藏

　　此件织物由一大一小两块红色暗花绮缝制而成，右侧保留一条宽约 0.5 厘米的幅边。织物图案由六边形和菱形的单线骨架间隔排列，中间分别放置对鸟和朵花纹。图案尺寸很小，经向为 3 厘米一个循环，纬向为 5 厘米一个循环，所有对鸟和朵花的边界不是很明确，图案不易辨认。

赵丰，齐东方. 锦上胡风：丝绸之路纺织品上的西方影响（4—8 世纪）. 上海：上海古籍出版社，2011：111-112.

51 龟背纹

北朝：龟背纹绮

新疆吐鲁番阿斯塔那出土
新疆维吾尔自治区博物馆藏

　　此黄色暗花绮为一条裙子的主要面料，以平纹为地，变化斜纹显花。图案以正六边形的联珠或直线作骨架，在六边形的骨架中置以龟背、朵花或其他几何花纹。类似图案的织物在我国青海都兰热水墓中有出土，在日本正仓院中也有保存。

52 交龙人物纹

北朝：交龙人物纹绮

中国丝绸博物馆藏

　　此件红色暗花绮的图案尺寸较大，在一个幅宽中只有一个循环。图案以两条相交的龙身形成骨架，将整幅织物分为三个区域。中间区域最为重要，有一个交脚坐于高台上的神像，手持定印，头饰花冠，与我国青海地区织物中的大量神像相似，可称为提婆，来自印度。提婆两侧有两人持花，提婆之下为双狮和双凤，双狮之间还织有"大、富、贵"三字。龙身两侧为莲花台上对人物形象，莲台之下还有"善、吉"两字。整件织物采用的还是中国风格的龙和吉祥文字，但其神像已不再遵循中原的传统，而与丝绸之路上的外来文化有着密切的关系。

赵丰，齐东方. 锦上胡风：丝绸之路纺织品上的西方影响（4—8 世纪）. 上海：上海古籍出版社，2011：107－109.

53 联珠孔雀纹

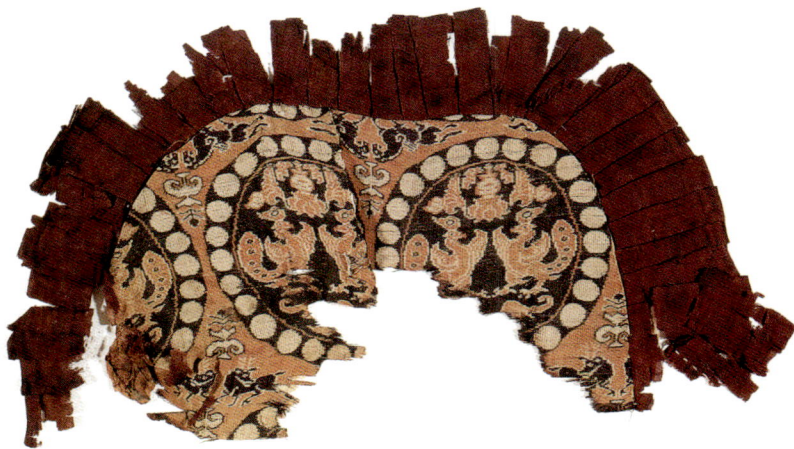

北朝：联珠孔雀纹锦覆面

新疆吐鲁番阿斯塔那出土
新疆维吾尔自治区博物馆藏

　　该覆面锦心为平纹经重组织。主题图案为二十四个联珠组成的联珠圈内站立两只相对的孔雀，孔雀振翅立于花台之上，头顶上置一香炉。联珠圈之间的辅花为两只回首的大角鹿，鹿的上下方各有一棵花树。

54 人物花卉纹

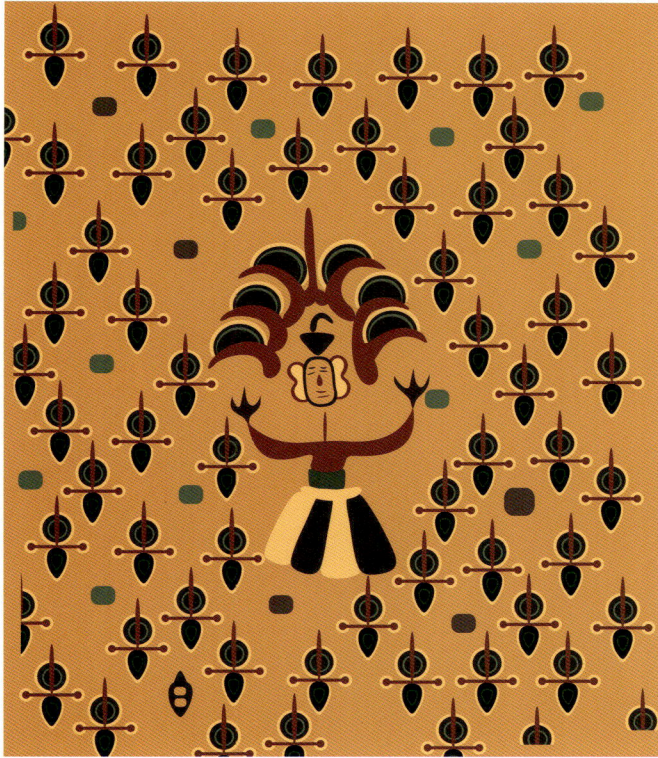

西晋—十六国：人物花卉纹刺绣袖头

中国丝绸博物馆藏

　　该刺绣出自一件上衣的接袖，绣地为白色绮，上面用红、黄、绿三色丝线以锁针绣、劈针绣和平针绣绣出朵花及人物。朵花为背景纹饰，以菱格形点状方式排列，各朵之大小、形象相近，均由三瓣绿色花叶构成，花叶间还系有两端作结的米黄窄带装饰。朵花之中立有一个戴插羽小冠的人物，上着红色腰襦，下着黄绿两色八破间裙，正视前方，双臂平举，双掌上扬。两掌之间，绕头顶一周，有红绿相间的花纹，造型极为抽象写意，具体为何物尚难以确定。

赵丰，齐东方. 锦上胡风：丝绸之路纺织品上的西方影响（4—8世纪）. 上海：上海古籍出版社，2011：119-121.

55 方格纹

北朝：方格纹刺绣靴面

中国丝绸博物馆藏

此绣件为一对靴面，在黄色绮上绣以方格纹。方格共有三层，以十字形朵花组成最外部的框架，细密的棕色线绣出第二层方框，最里层上绣有九个小正方形。铺满的绣线颜色深浅交替，整个布局简洁雅致。

56 团花纹

北朝：团花纹绣片

中国丝绸博物馆藏

　　该件绣片的绣地为红棕色绢，上面用米白、蓝、绿、棕和褐色等颜色的丝线以锁针绣绣出小团花纹，花外套一圈彩色圆环，团花之间填以三角形花瓣的四瓣朵花。绣片周围是一圈彩色菱格纹边框，以平针绣绣成。

隋　唐

57 连环"贵"字纹

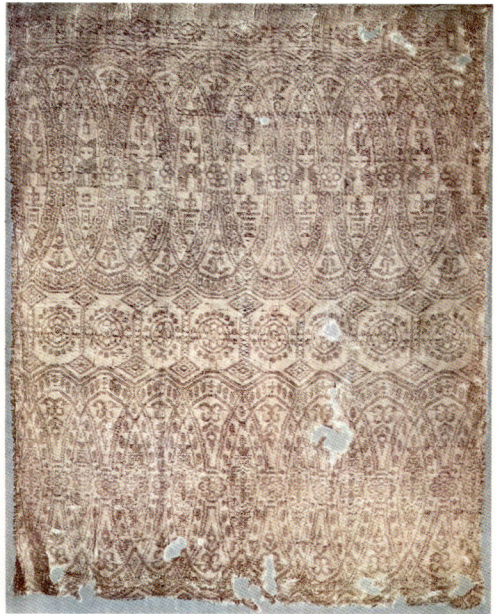

北朝—隋：连环"贵"字纹绮

新疆吐鲁番阿斯塔那出土
新疆维吾尔自治区博物馆藏

　　这是一件平纹地上以斜纹显花的暗花丝织物，图案以联珠或者卷云组成的套环连环相套，内填以"贵"字、对鸟、忍冬和花卉等纹样。图案沿经线方向循环，以较小的循环单元镜像重复，形成两倍宽的椭圆环。

58 对鸟对羊灯树纹

北朝—隋：对鸟对羊灯树纹锦

新疆吐鲁番阿斯塔那出土
新疆维吾尔自治区博物馆藏

　　类似图案的织锦在新疆吐鲁番阿斯塔那不止有一件出土，均为平纹经锦。图案在纬线方向为倒置对称，从中央对称轴向两边依次为：一对口衔花叶的鸟，鸟背后立一株葡萄树；高大的灯树，树冠两侧各立一只鸟；树下方是两只相对而卧的大角羊，脖系一根向后飘的绶带。其图案风格与阿斯塔那31号墓出土的对鸟"吉"字纹锦非常相似，只是图案中没有出现"吉"字。

59 花树纹

唐：花树纹锦

中国丝绸博物馆藏

  此斜纹纬锦以红色为地，黄色和绿色显花。整个图案的骨架类似建筑上的拱券结构，上面是半圆形的拱梁，以联珠纹来装饰，下面是直柱，以一串心形来装饰。柱头上亦饰有联珠纹，柱础则是平素无饰。上下两行拱柱交错排列，上行的柱础在下行的拱券顶上。拱柱之中是主题纹样，共两种，分为两行排列，全是侧花。一组图案为生命树，另一组为蕾式花形。

赵丰，齐东方. 锦上胡风：丝绸之路纺织品上的西方影响（4—8世纪）. 上海：上海古籍出版社，2011：166-167.

60 瓣窠对鸟纹

唐：瓣窠对鸟纹绮

中国丝绸博物馆藏

　　这件红色暗花丝织物污损较为严重，图案骨架为瓣窠，窠内置三排动物纹样，每排三个一组，两组相向而立。第一排和第二排为兽，第三排为孔雀。瓣窠倒置对称，相交处填以十字形花或八瓣朵花。

61 对鸟纹

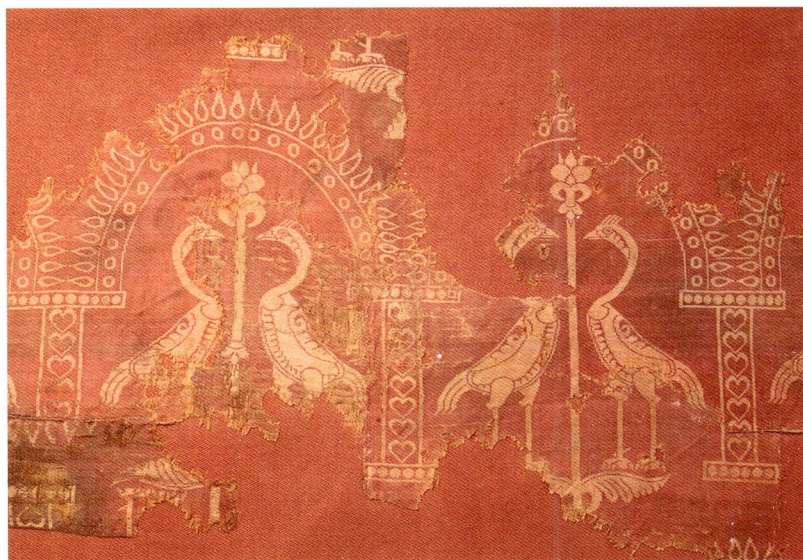

唐：对鸟纹锦

中国丝绸博物馆藏

　　该锦残片共有四块，为斜纹纬重组织。图案以拱形花架为骨架，花架由联珠纹半窠（内有三十余个散点联珠）、十个小圆组成的带式联珠和由六个心形图案构成的拱柱组合而成。在拱形花架下一对形似仙鹤的鸟相对而立，对鸟身材修长挺拔，双翅未展，两者之间以生命树为对称轴。

62 联珠对孔雀"贵"字纹

隋：联珠对孔雀"贵"字纹锦覆面

新疆吐鲁番阿斯塔那出土
新疆维吾尔自治区博物馆藏

　　此锦为一覆面的内芯，平纹经重组织。主题纹样是一对相向而立的孔雀，口衔花束，两侧悬挂幡状物。外套联珠环，环上为四组联珠，五个一组，由回字形方块间隔。环外的辅纹为对鹿、植物和汉字"贵"。

63 小联珠团花纹

唐：小联珠团花纹锦
新疆吐鲁番阿斯塔那出土
新疆维吾尔自治区博物馆藏

此锦为斜纹经重组织，橘黄色地上以白色和深蓝色显花。联珠团窠直径近 3 厘米，外环由二十二个圆点组成，内置团花，联珠环之间填以十字形花叶纹。

64 团花纹

唐：团花纹锦

新疆吐鲁番阿斯塔那出土
新疆维吾尔自治区博物馆藏

　　此锦为斜纹经重组织，橘红色地上以蓝、绿和白色显花，其中蓝色和绿色的经线分区显色。团花外圈由二十四个白色圆点组成，圈内为一朵花，花瓣两层，内层十二瓣，外层二十瓣。

65 联珠团花纹

唐：联珠团花纹锦

中国丝绸博物馆藏

    这一组斜纹纬锦共有三块，以蓝绿色作地，其上以黄色纬线显花。主题纹样为联珠花卉纹团窠，在由三十个小圆珠组成的联珠环内填以四瓣朵花。团窠之间填以十字形花叶纹。

66 联珠对鹊纹

唐：联珠对鹊纹锦

新疆吐鲁番阿斯塔那出土
新疆维吾尔自治区博物馆藏

　　此件斜纹经锦的主题纹样为相对的立鸟，置于联珠环内，鸟的上方和下方均有一植物纹。联珠环上排列四串联珠，五个一串，中间由四个回字形方块间隔。联珠环之间的辅花为十字形花叶纹。

67 联珠对马纹

唐：联珠对马纹锦

新疆吐鲁番阿斯塔那出土
新疆维吾尔自治区博物馆藏

　　此件斜纹经锦残损严重，但仍能辨认出簇四联珠纹骨架，联珠内为两种翼马纹。联珠环是由四组共十六颗圆珠串联而成，用八瓣朵花间隔。翼马均相向而立，其中一行对马各有一前足腾起，作行走状，马下方为莲花纹；另一行对马分别立于一棵枝叶繁茂的树两侧，作俯首饮水状，马下方为汩汩泉水。

68 联珠大鹿纹

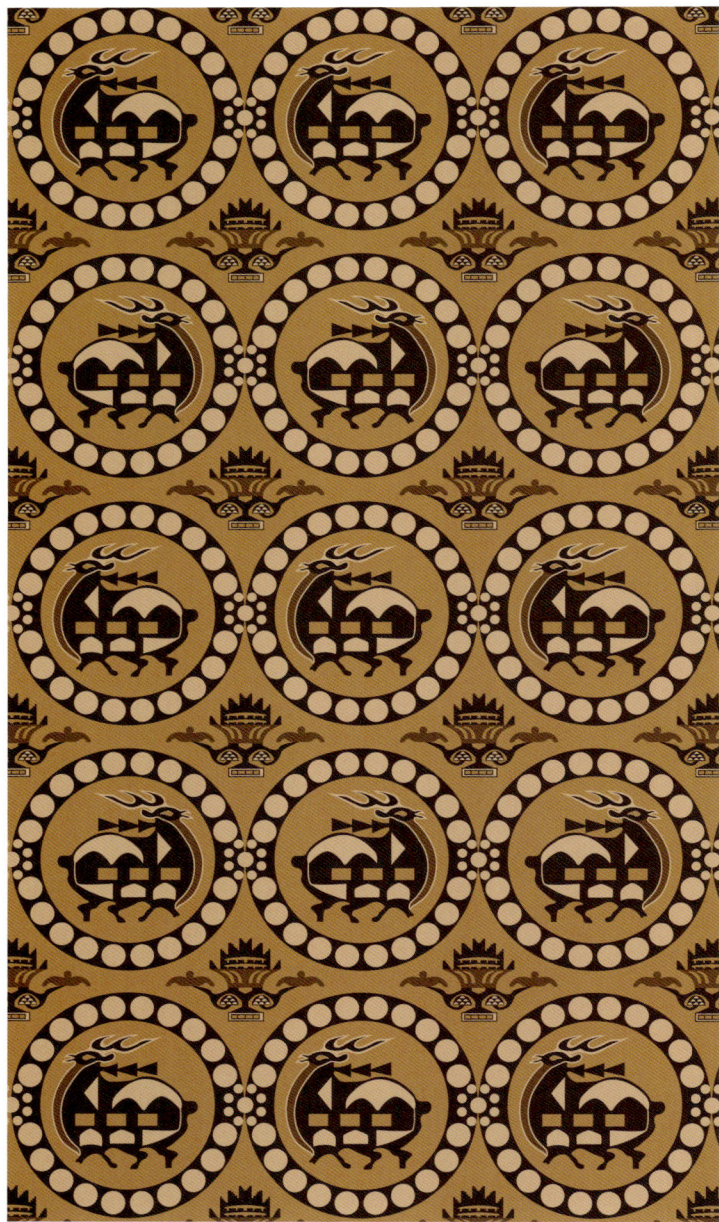

唐：联珠大鹿纹锦

中国丝绸博物馆藏

　　此件斜纹纬锦已残损，褪色严重，残留部分的图案为联珠大鹿纹。联珠环由两组各十个圆圈串成，其间由朵花分隔。联珠环中立一只具有典型中亚特点的大鹿，体型壮硕，巨大的鹿角分为三叉。团窠之间填以辅花，从保留的部分推断，应该是一株小树。

赵丰，齐东方. 锦上胡风：丝绸之路纺织品上的西方影响（4—8 世纪）. 上海：上海古籍出版社，2011：126-127.

69 联珠对兽纹

唐：联珠对兽纹锦缘经帙

甘肃敦煌出土
法国吉美博物馆藏

　　此锦为一长方形经帙的缘，从织造技术来看，这一联珠对兽纹锦属于典型的中亚织锦，它以土黄色作地，蓝绿、红、白三色显花。图案为联珠对兽纹，但对兽仅存身体和颈部。根据残存的图案可以推测，联珠环内的动物或许是当时中亚织锦上比较常见的对羊，立于棕榈叶底盘上。

赵丰. 敦煌丝绸艺术全集：法藏卷. 上海：东华大学出版社，2010：138-139.

70 联珠对羊对鸟纹

唐：联珠对羊对鸟纹锦

甘肃敦煌出土
大英博物馆藏

　　这两块斜纹纬锦残片的图案为红地上显绿、白、棕三色花，主花是联珠团窠，团窠中心棕榈叶底盘上有一对相对站立的野山羊，身上点缀四瓣花卉纹样。在辅花位置则是一个椭圆形的瓣窠，窠中为对鸟图案。从技术上分析，这是一件十分典型的唐代中亚粟特风格的织锦，其野山羊造型与收藏于比利时辉伊大教堂中带有粟特文题记"赞丹尼奇"的织锦完全一致，但构成团窠的联珠圈却多少带有较为早期的特点。

赵丰. 敦煌丝绸艺术全集：英藏卷. 上海：东华大学出版社，2007：128.

99 菱格纹、葡萄纹、柿蒂纹

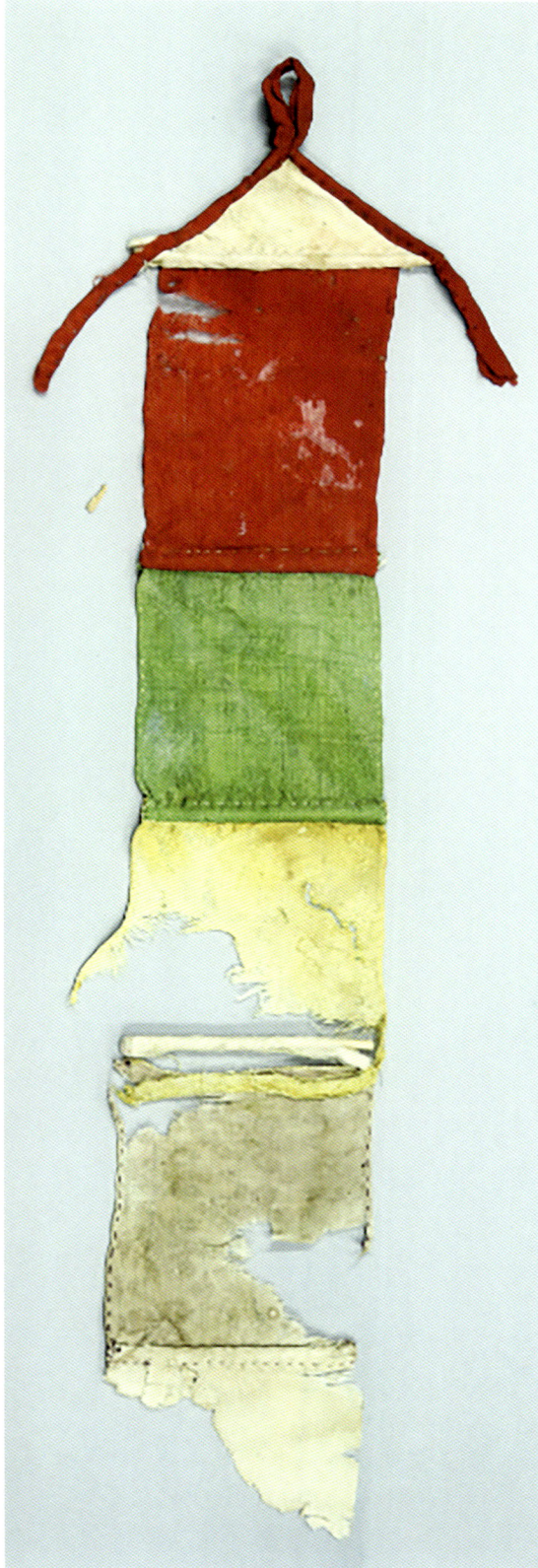

唐：彩色幡

甘肃敦煌出土
敦煌研究院藏

这是一件由各色丝织物缝制而成的幡，保存幡头和五块幡身。除了最下面一块幡身为白色绢外，其余部位均为绮织物。幡头斜边由一块红色绮对折缝制而成，幡面是白色菱格纹绮，四个小菱格形成一个大菱形，像一朵四瓣花。幡身使用的织物从上至下依次为：红色葡萄纹绮、绿色柿蒂纹绮、黄色菱格纹绮、浅褐色葡萄纹绮和白色绢。两块葡萄纹绮上的图案很类似，枝蔓形成对波形骨架，与法国吉美博物馆所藏敦煌藏经洞中发现的一块对波葡萄纹绮相似，青海都兰就曾出土过图案一大一小的两种葡萄纹织物。绿色柿蒂纹绮上的图案是四瓣朵花，又称柿蒂花，这种小花在唐代的绫绮织物中十分流行。

赵丰，罗华庆.千缕百衲：敦煌莫高窟出土纺织品的保护与研究.香港：艺纱堂，2014：74-75.

100 梅花纹

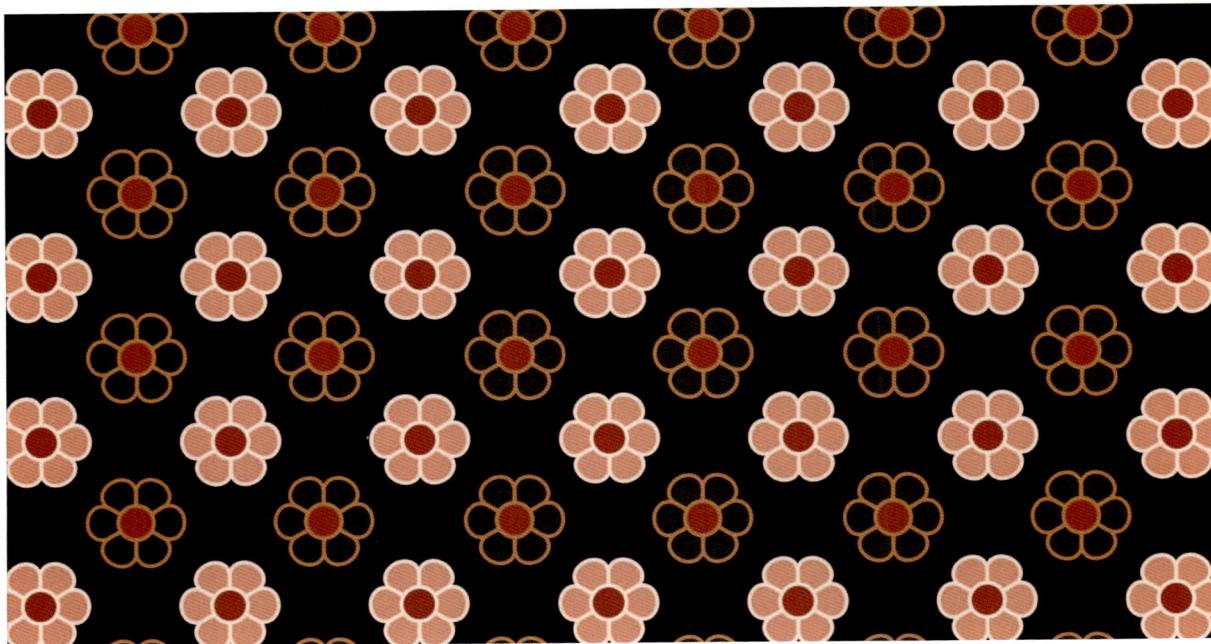

唐：梅花纹锦

新疆吐鲁番阿斯塔那出土
新疆维吾尔自治区博物馆藏

　　这件锦采用斜纹经重组织，图案为由七个小圆点组成的六瓣梅花，散点排列，二二错排。小花的配色有两种：一排是红色花心，粉色花瓣，白色勾边；一排是红色花心，绿色花瓣，土黄色勾边。

101 朵云花卉纹

唐：朵云花卉纹印花绢

新疆吐鲁番阿斯塔那出土
新疆维吾尔自治区博物馆藏

　　这块印花绢为两色，土黄地上显白花。图案以朵云和植物纹构成的菱格作为骨架，菱格中填以六瓣朵花。阿斯塔那墓地出土了另一件图案相同而配色不同的印花绢残片，为绛红色地显白花。

新疆维吾尔自治区博物馆，出土文物展览工作组. 丝绸之路：汉唐织物. 北京：文物出版社，1972：图版五三.
高汉玉，包铭新. 中国历代染织绣图录. 香港：商务印书馆香港分馆；上海：上海科学技术出版社，1986：63.

102 朵花纹

唐：朵花纹印花绢

新疆吐鲁番阿斯塔那出土
新疆维吾尔自治区博物馆藏

　　这块平纹绢采用碱剂作为防染剂印花，土黄色地上散点排列黄色六瓣朵花，朵花的间隙处安排由四个鸡爪形花瓣组成的菱形小白花。两组花卉有叠加，应该是用两套花版分三次染色而成。

武敏. 吐鲁番出土丝织物中的唐代印染. 文物，1973（10）：43-45.

103 朵花纹

唐：朵花纹印花纱

新疆吐鲁番阿斯塔那出土
新疆维吾尔自治区博物馆藏

这块平纹纱采用碱剂作为防染剂印花，绛红色地上显白花。图案为四瓣小花，散点排列，二二错排，在织物上形成 45 度斜向线条。

104 朵花纹

唐：朵花纹印花绢

新疆吐鲁番阿斯塔那出土
新疆维吾尔自治区博物馆藏

　　这是一件随葬人俑所穿的裙子，裙身采用绿地印花绢制成，其上印有两种大小不同的花卉图案。较大的一组以圆形花心为基础，再分别以四出、八出的花瓣基数向外排列，形成一正视的宝花纹样；另一组为四瓣柿蒂花。两组图案呈二二错排。

赵丰. 丝路之绸：起源、传播与交流. 杭州：浙江大学出版社，2015：158.

105 朵花纹

唐：朵花纹印花纱

新疆吐鲁番阿斯塔那出土
新疆维吾尔自治区博物馆藏

　　这是一块用防染剂印花的平纹纱，黄色地上显白花。图案为两排不同的朵花二二错排，一排是单层的四瓣柿蒂花，另一排是双层花瓣的六瓣花。

106 方形宝花纹

唐：宝花纹夹缬绢

甘肃敦煌出土
俄罗斯艾尔米塔什博物馆藏

　　这是一块夹缬绢，图案为土黄色地上排列着蓝色方形宝花纹，白色勾边。花心用笔蘸着黄色颜料点染，使得这部分呈黄色和绿色。朵花的中心绿色的部分大多已被腐蚀，形成孔洞，很可能是染料所致。

赵丰. 敦煌丝绸艺术全集：俄藏卷. 上海：东华大学出版社，2014：100-101.

107 方形宝花纹

唐：夹缬绢幡头

甘肃敦煌出土
俄罗斯艾尔米塔什博物馆藏

　　此幡面双层，由一块正方形白地花卉纹夹缬绢沿对角线对折缝合而成。夹缬图案为方形宝花，一大一小，交错排列。夹缬版上只刻一种蓝色的叶子纹样，单色染色，染成后再用黄色笔绘，使花心部分呈现黄色，黄色与蓝色叠加的部分则呈绿色。

赵丰. 敦煌丝绸艺术全集：俄藏卷. 上海：东华大学出版社，2014：64-65.

108 花卉纹

唐：花卉纹夹缬绢

甘肃敦煌出土
大英博物馆藏

　　类似的夹缬绢在敦煌发现了好几件，多用于制作幡。图案为土黄色地上排蓝、橘两色花，二二错排，排列紧密。未染色的白色图案勾边非常清晰，也非常均匀，说明该夹缬绢可能是在同一套夹缬版上同时染成两种颜色。

赵丰. 敦煌丝绸艺术全集：英藏卷. 上海：东华大学出版社，2007：198.

109 花叶纹

唐：幡头

甘肃敦煌出土
法国吉美博物馆藏

　　此件幡的幡面由三块红绿夹缬绢拼缝而成，其中两片相同，图案为红色的朵花与绿色的枝叶，色彩依旧十分鲜艳。菱格骨架单元由四片忍冬叶构成，骨架相交处为四瓣朵花，骨架内为双层花瓣朵花。

赵丰. 敦煌丝绸艺术全集：法藏卷. 上海：东华大学出版社，2010：83.

110 花叶纹

唐：花卉纹夹缬绢经面

甘肃敦煌出土
法国国家图书馆藏

　　这是一件藏文佛经的经面，正反两面均裱有花卉纹夹缬绢。夹缬图案地部为红色，以忍冬叶构成菱形的骨架，在菱形交叉点上置四瓣心形朵花，花瓣红色，花心蓝绿色。骨架内是四瓣梳形朵花，花瓣蓝绿色，花心红色。

赵丰. 敦煌丝绸艺术全集：法藏卷. 上海：东华大学出版社，2010：156.

111 花卉纹

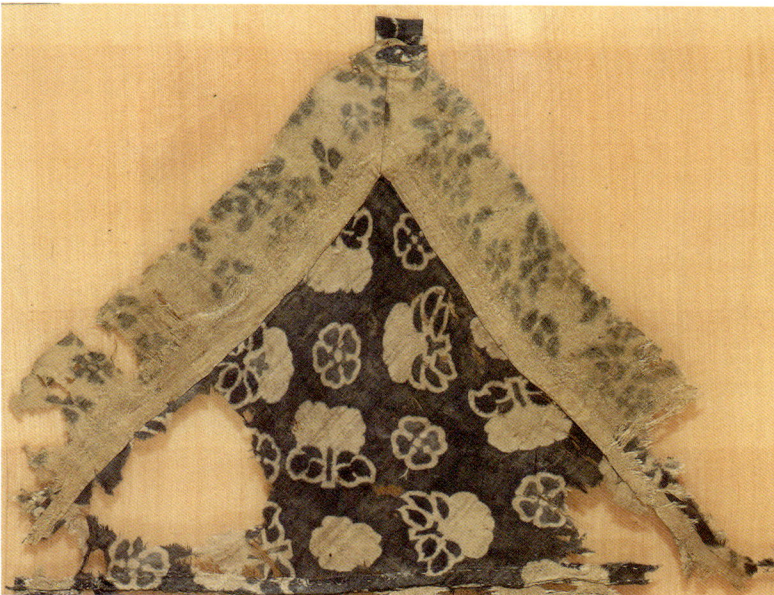

唐：花卉纹夹缬绢幡头

甘肃敦煌出土
俄罗斯艾尔米塔什博物馆藏

　　此件三角形幡面上的夹缬图案以深蓝色为地，上面分布着深蓝色和棕黄色的朵花，以及蓝叶棕花，图案四周留有未染色的勾边。棕黄色朵花的花瓣已褪色，难以分辨。

赵丰. 敦煌丝绸艺术全集：俄藏卷. 上海：东华大学出版社，2014：72-73.

112 花卉纹

唐：花卉纹夹缬绢幡身

甘肃敦煌出土
俄罗斯艾尔米塔什博物馆藏

　　此夹缬绢幡身上的图案是写实的缠枝花，深蓝色的地，棕黄色的花，花心也是深蓝色，叶子既有深蓝色也有棕黄色，图案勾边均匀。

赵丰. 敦煌丝绸艺术全集：俄藏卷. 上海：东华大学出版社，2014：72-74.

135 龟甲纹

唐：龟甲纹锦

新疆吐鲁番阿斯塔那出土
新疆维吾尔自治区博物馆藏

　　此件织锦在暗红色地上以白色显花。六边形的龟甲纹构成六瓣朵花，朵花二二错排，呈带状分布。一根直线穿过朵花中央，在花心和花朵之间显绿色，其余部分显浅红色。

136 龟甲"王"字纹

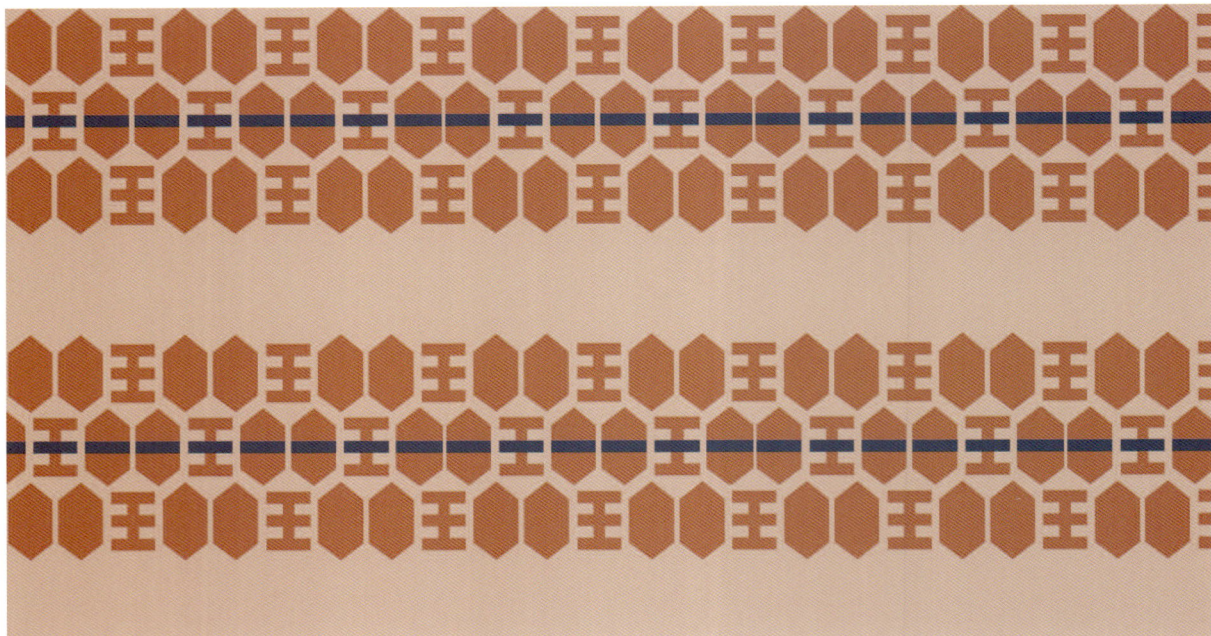

唐:龟甲"王"字纹锦

新疆吐鲁番阿斯塔那出土
新疆维吾尔自治区博物馆藏

　　这是一件平纹纬锦,浅橘色的地上以红色和蓝色显花。主题纹样是"王"字和六边形的龟甲纹:一个"王"字与两个龟甲纹间隔排列成一排,三排一组,相邻两排图案错排,中间一排居中横贯一条蓝色的直线。两组图案之间留有一段空隙。

137 龟背小花纹

唐：龟背小花纹绮

甘肃敦煌出土
大英博物馆藏

　　此黄色暗花绮残片以扁平形六角龟背纹样为骨架，其中填入圆点四瓣小花纹。这类六边形的龟背骨架总体出现较晚，因此，它有可能是晚唐至五代时期的产品。

赵丰. 敦煌丝绸艺术全集：英藏卷. 上海：东华大学出版社，2007：160.

138 龟背小花纹

唐：龟背小花纹绮

甘肃敦煌出土
法国吉美博物馆藏

　　此暗绿色绮以扁平形六角龟背纹样为骨架，其中点缀有圆点六瓣小花纹，同大的圆点做花心。龟背骨架中填六瓣小花的图案在北朝晚期至唐代早期的丝织品上已可以看到，新疆吐鲁番阿斯塔那170号墓中就有类似的图案出土，但这件龟背小花纹绮的图案更为简洁清晰，类似图案的织物在内蒙古巴林右旗庆州白塔地宫中也有发现，所以这种六角形龟背骨架中填以小花的图案可能晚到五代至北宋初期。

赵丰. 敦煌丝绸艺术全集：法藏卷. 上海：东华大学出版社，2010：183.

139 菱格卍字纹

唐：菱格卍字纹绫

青海出土
中国丝绸博物馆藏

此黄色暗花绫的图案细密精致，骨架为满地排列的小菱格，菱格中央置一卍字纹。

140 花树对鸟纹

唐：花树对鸟纹刺绣

美国大都会艺术博物馆藏

　　此件方形刺绣于土黄色的绢地上用浅绿、深绿、浅黄、深黄、浅蓝、深蓝、奶白、棕褐和棕红等色的丝线绣出图案。刺绣以平针绣为主，用不同颜色的丝线绣出色彩渐变的纹样。图案中央为一棵花树，树干两侧各有一只口衔心形花瓣的鸟，两鸟相对立于一朵绽放的莲花之上。

141 心形纹

唐：心形纹锦

甘肃敦煌出土
大英博物馆藏

此斜纹纬锦正面颜色已有些褪去，背面色彩保存较好。在黄色地上织出红色心形图案，二二错排。心形上面点缀四个白色的小点，心尖位置则由蓝色和粉色换色织成。

赵丰. 敦煌丝绸艺术全集：英藏卷. 上海：东华大学出版社，2007：133.

142 对波童子纹

唐：对波童子纹锦

中国丝绸博物馆藏

　　此斜纹纬锦较为残破，从残留下来的部分看，织物以对波纹为骨架，此种骨架以相接而不相交错的两条对称波弧线构成，在北朝到唐的丝绸图案中较为流行，多以联珠或植物藤蔓或线条构成。此件织物的骨架就以单线条构成，极为简练。残存部分骨架中有三种不同的图案，分别为童子、对鹿和对鸟。两个童子相对而立，一脚着地，一脚踏于莲花之上。童子上、下方均有两对相向而立的鹿，身上有斑点，头上长着弯弯的长角，一只前蹄抬起。对鹿之上、下的骨架中均为一枝呈心形的葡萄藤，上、下方伸出两片葡萄叶，藤中间立两只鸟，回首啄葡萄。

赵丰，齐东方. 锦上胡风：丝绸之路纺织品上的西方影响（4—8世纪）.上海：上海古籍出版社，2011：212–214.

143 团狮纹

唐：团狮纹锦

甘肃敦煌出土
英国维多利亚与艾伯特博物馆藏

　　这种图案的纬锦残片共有 39 片，红地，其上可见部分小团花纹样，排成一条直线。白色的团花用蓝色描轮廓，图案使用绿色和黄色，表现两只呈中心对称（俗称喜相逢）的狮子形象：张大口，伸长爪，追逐着彼此的尾巴。这种喜相逢式的团狮纹样出现较晚，不会早于晚唐，与早期的轴对称大不一样。

赵丰. 敦煌丝绸艺术全集：英藏卷. 上海：东华大学出版社，2007：137.

144 飞凤蛺蝶团花纹

唐：飞凤蛺蝶团花纹锦

新疆吐鲁番胜金口石窟出土
新疆维吾尔自治区博物馆藏

　　此锦为一个舍利袋的面料，红色地上用黄色的纬线织出飞凤、蛺蝶、云气和用绦带盘结而成的团花图案。此外，团花上还织入绿色、粉色和白色的浮纬进行装饰。

145 球路飞鸟纹

晚唐—五代：球路飞鸟纹锦

甘肃敦煌出土
俄罗斯艾尔米塔什博物馆藏

  此件织物采用辽式斜纹纬重组织，图案已不完整，能辨认出图案的骨架是由四圆交接而成的簇四球路。其中的一个圆被切割成四个梭形的区域和一个中心区域，中心部分是花叶纹，而梭形部分中间安置纹样。从残存部分来看，靠幅边一个为飞鸟，另一个较残，无法分辨，但较有可能是一朵折枝花。簇四球路是辽代极为流行的一种丝织图案结构，又被称为连钱纹。

赵丰. 敦煌丝绸艺术全集：俄藏卷. 上海：东华大学出版社，2014：117-118.

146 鸟衔花枝纹

晚唐—五代：鸟衔花枝纹刺绣

甘肃敦煌出土
法国吉美博物馆藏

　　这件长方形刺绣残片，以菱格纹暗花绮织物作绣地，其上用蓝、绿、浅蓝、浅黄、深蓝、奶白等色丝线绣出一只展翅的鸟，口衔花枝，向上飞翔。此件绣品以平针绣为主要的刺绣技法，而在枝干等处则采用了劈针绣的技法，在局部还可清晰地看到墨线的底稿痕迹。

赵丰. 敦煌丝绸艺术全集：法藏卷. 上海：东华大学出版社，2010：216.

147 花卉纹

晚唐—五代：花卉纹刺绣

甘肃敦煌出土
法国吉美博物馆藏

　　这件长方形刺绣片的绣地共有两层，表层为绿色菱格暗花罗织物，背衬以棕绿色绢。针法为平针绣，以蓝、绿、米白、浅红等色丝线绣出图案。残留部分的主题图案是一些红色的三瓣花卉以及蓝叶白边和绿叶红边的纹样，但残片的右侧应该就是图案的中轴线，根据这一中轴线，可以推测其原来的图案应该是一个对称的花卉图案，与敦煌壁画中的很多服饰图案相似。

赵丰. 敦煌丝绸艺术全集：法藏卷. 上海：东华大学出版社，2010：221.

148 菱格纹

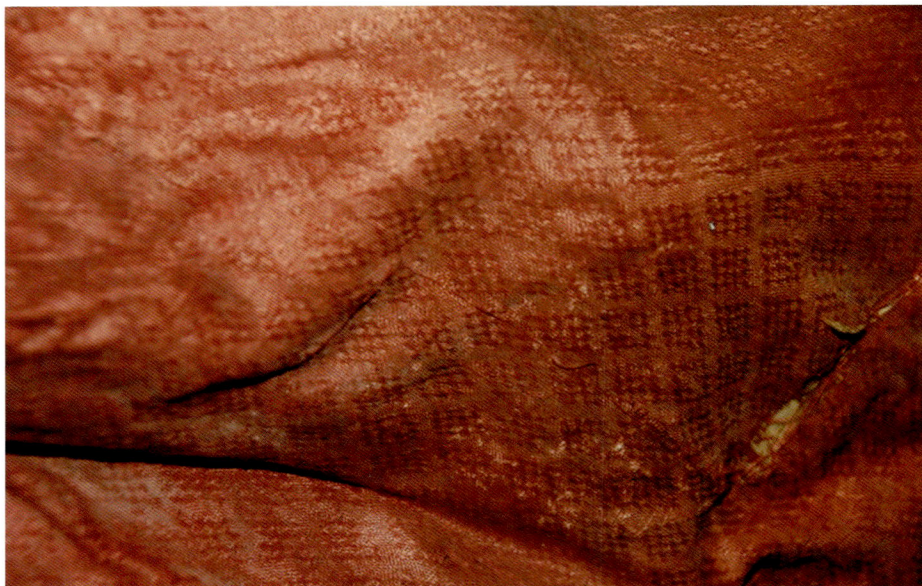

晚唐—北宋：菱格纹绮裙

新疆和田布扎克出土
和田博物馆藏

　　这是和田布扎克彩棺墓出土女尸裙子的面料，为暗红色菱格纹绮，平纹地上显菱格纹图案，裙里为暗红色绢。菱格纹经纬向循环为 2—2.1 厘米。

149 卷草纹

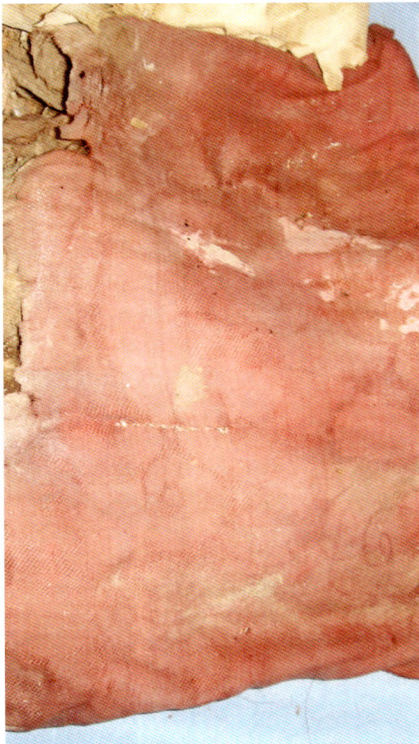

晚唐—北宋：卷草纹绫枕

新疆和田布扎克出土
和田博物馆藏

　　此红色暗花绫为一枕头的面料，已朽烂，尚能辨认出图案。
对波形藤蔓骨架中间填充小型植物纹样。

150 卷草纹

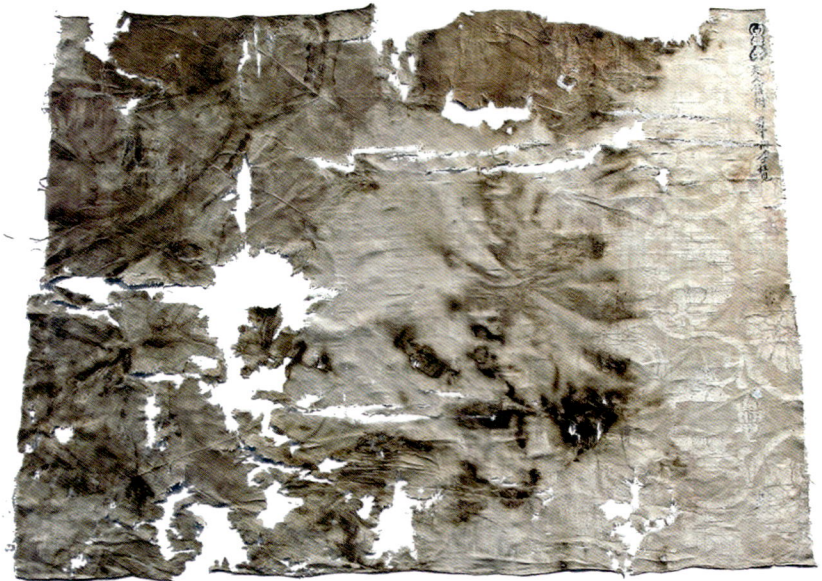

晚唐—北宋：卷草纹绫

新疆和田布扎克出土
新疆维吾尔自治区博物馆藏

　　此件白色暗花绫的图案由曲折的藤蔓构成，主干上依次循环排列一朵重瓣花、两枝卷叶。藤蔓之间是一排向上或向下展翅而飞的蝴蝶。绫的一面上有汉文墨书，另一面有于阗文墨书，这块绫很有可能是从于阗以外的地区寄至于阗。

文物图片来源（**数字为本书纹样编号**）

大英博物馆 49，70，72，77，79，84，89，90，108，115，117，118，119，133，137，141

敦煌研究院 99，116

俄罗斯艾尔米塔什博物馆 27，83，84，107，111，112，121，145

法国国家图书馆 110，129

法国吉美博物馆 69，74，109，113，114，125，131，132，138，146，147

甘肃简牍博物馆 23

甘肃省博物馆 30，31

甘肃省文物考古研究所 32，33

高台县博物馆 14

和田博物馆 148，149

湖南省博物馆 24

荆州博物馆 1

柯岑基金会 2，3，4，9，13，19，20，28

美国大都会艺术博物馆 78，126，127，140

新疆维吾尔自治区博物馆 8，16，37，39，43，47，48，51，53，57，58，62，63，64，66，67，71，87，91，93，94，95，96，97，98，100，101，102，103，104，105，106，120，124，134，135，136，144，150

新疆文物考古研究所 6，7，10，11，12，15，21，22，25，26，29

英国维多利亚与艾伯特博物馆 86，92，143

中国丝绸博物馆 5，34，35，36，38，40，41，42，44，45，46，50，52，54，55，56，59，60，61，65，68，73，75，76，80，81，82，85，88，122，123，128，130，139，142

后 记

　　2013 年年初，东华大学服装与艺术设计学院承接了国家科技支撑计划课题"中国丝绸文物分析与设计素材再造关键技术研究与应用"的子课题。在课题执行的三年中，参与课题的师生对中国古代丝绸文物信息进行了全面的收集和整理。这些丝绸文物分布在国内及国外各博物馆、考古所和相关的收藏机构，课题组主要通过文物实物分析、出版物和网站信息采集等方式为近千件汉唐之间的纺织品实物制作了卡片。

　　我们对于汉唐之间中国丝绸文物的收集和整理工作始于十多年前。2006—2007 年间，我的博士生导师赵丰先生带领东华大学的师生联合新疆文物考古研究所和新疆维吾尔自治区博物馆对新疆塔克拉玛干沙漠地区墓葬和遗址发掘的丝织品做了详细的调查和整理，并进行了丝绸之路出土古代服饰艺术的复原研究。2006—2014 年间我们对散落在海内外的敦煌丝织品进行了系统的收集整理，研究了收藏在大英博物馆、英国维多利亚与艾伯特博物馆、英国国家图书馆、法国吉美博物馆、法国国家图书馆、俄罗斯艾尔米塔什博物馆、敦煌研究院的敦煌丝绸，并出版了四卷本《敦煌丝绸艺术全集》。可以说，课题组对中国西北丝绸之路沿线上汉唐时期的纺织品已经做过不少调研、整理工作，取得了一定的成果。此外，2014 年年末至 2015 年年初，我和中国丝绸博物馆的徐铮利用在美国访学的机会，走访了集中收藏中国古代丝绸文物的美国大都会艺术博物馆、费城艺术博物馆和克利夫兰艺术博物馆等博物馆，并对其所藏丝绸进行了实物分析。2015 年 7 月，我们联合中国丝绸博物馆和甘肃省博物馆对丝绸之路沿线的陕西、甘肃和内蒙古境内的石窟、寺庙、古城遗址和文物收藏机构进行了为期半个月的考察，对出土的丝织物进行了全面调查。战国—秦汉时期丝织物图案非常相似，故本书也收录了部分战国时期的丝绸图案。由于出土实物大多残损严重，我们选取了250 件相对完好的文物进行了图案和色彩复原，并选取其中的 150 件结集出版。

　　首先感谢直接参与本书资料收集与绘图工作的人员，他们是东华大学的汪芳、张顺爱、李甍老师以及研究生安薇竹、段光利、陈爽爽、朱桐莹、苗荟萃、李影、吴思雨、王倩倩、张翼、朱意、刘慧泉等；感谢中国丝绸博物馆的赵丰、徐铮、赵帆、孙培彦、龙博，安徽工程大学的顾春华，浙江理工大学的冯荟，中国美术学院的研究生李爽、麦月晴、陈倩倩，浙江工业大学的研究生王晓婷，温州大学的学生付晶晶等。尤其感谢安薇竹、段光利同学对课题文物卡片做了系统的归类整理，朱桐莹同学对图案复原进行了细致的修改和调整。

　　其次感谢整个考察和研究过程中提供慷慨帮助的前辈和朋友。同时，本书也得到上海市哲学社会科学规划课题"丝绸之路汉唐丝绸图案设计及文化交流研究"（2016BWY001）和上海市设计学Ⅳ类高峰学科"服饰文化历史与传承"研究团队资助。

王　乐

2017 年 5 月 12 日

图书在版编目（CIP）数据

中国古代丝绸设计素材图系. 汉唐卷/ 王乐编著. — 杭
州：浙江大学出版社，2018.4（2024.5重印）
ISBN 978-7-308-17763-4

Ⅰ. ①中… Ⅱ. ①王… Ⅲ. ①古丝绸—丝织工艺—
中国—汉代—唐代—图集 Ⅳ. ①K876.9-64②TS145.3-64

中国版本图书馆CIP数据核字（2018）第002813号

中国古代丝绸设计素材图系·汉唐卷

王　乐　编著

策　　划	包灵灵　张　琛
责任编辑	仲亚萍
责任校对	陈思佳
封面设计	赵　帆　续设计
出版发行	浙江大学出版社
	（杭州市天目山路148号　　邮政编码310007）
	（网址：http://www.zjupress.com）
排　　版	杭州林智广告有限公司
印　　刷	浙江海虹彩色印务有限公司
开　　本	889mm×1194mm　1/16
印　　张	11.75
字　　数	216千
版 印 次	2018年4月第1版　2024年5月第5次印刷
书　　号	ISBN 978-7-308-17763-4
定　　价	188.00元